女のちから

霊力・才覚・技量

岩井宏實

看板娘 笠森お仙（鈴木春信画）

法政大学出版局

霊力をもつ女

一夜官女（大阪市・野里住吉神社） 住吉神社の氏子中から選ばれた少女が「一時上臈」「一夜官女」と称される官女役となり、2月20日、「夏越桶」と呼ぶ神饌桶に各種の神饌を盛って飾り立て、神前に供え饗して、一夜だけ神に仕える。

御膳持ち（右：大津市・樹下神社、左：京都市・北白川天満宮） 5月15日前後の日曜日の樹下神社の祭日に、未婚の女性一人が振袖姿で神饌槽を頭に戴き、深々とした闇の中を神前に赴いて一夜神に仕える。10月7日神幸祭の北白川天満宮では、少女が「盛相」、未婚女性が「高盛」、既婚女性が「洗米」を頭に戴いて神前に歩み、神に捧げて一時神に仕える。

野宮神社（京都市・嵯峨野） 天皇即位ののち、あらたに神宮祭祀に奉仕することになった内親王もしくは女王すなわち斎王が、宮城内の初斎院で潔斎したのち、伊勢神宮に移るまでの一年間さらに潔斎するために籠った宮。

神の子を産む巫女（上：奈良県川西町・六県神社御田植祭、左：大分県国東市・諸田山神社御田植祭） 稲作の予祝儀礼としての御田植祭は、多くは農作業の各過程を収穫に至るまで模擬的に演ずる神事で、その中で大田植のさい早乙女に昼飯を運ぶヒルマモチ（昼飯運び）をする巫女が、稲霊の繁殖の模倣呪術として、神の子を産む所作を演ずるものもある。

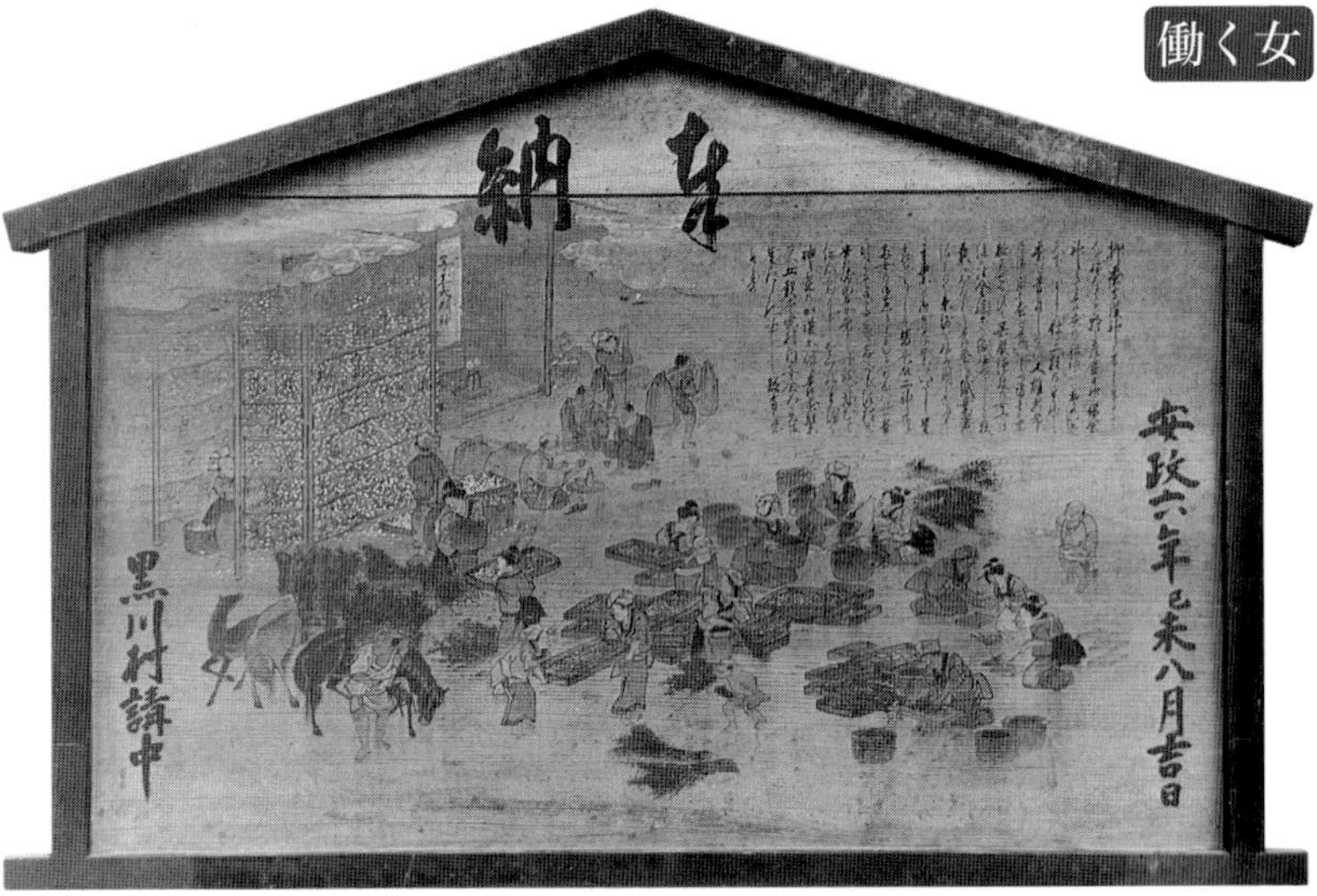

養蚕図絵馬（安政６年、長野県木曽福島・白山神社）　毛蚕の掃立てから箱飼い、上簇されるさまから無事収穫された繭を売りに出すさまなど、女性の手になる養蚕の一部始終から、蚕守護神のいわれまでが描き込まれている。

「四季耕作図屏風」（狩野永翁筆、六曲一双、国立歴史民俗博物館蔵）　耕起から収穫、脱穀にいたる四季の農耕の実景が生き生きと描写され、さらに田楽を演じる情景までも描かれているが、とくに女性が向かい合って一心に、しかも和やかに脱穀しているさまはほほえましい。

機織師（狩野吉信筆『職人尽図屏風』六曲一双、川越市・喜多院）　各扇二図ずつ計24図描かれた職人図の中の一つで、機織りに精を出す女性たちの姿が生き生きと描かれている。17世紀前半における町の機屋の実態がよくうかがえる。

藍染図絵馬（埼玉県熊谷市・下川上愛染堂）　藍は古くから庶民の染色の王座を占めてきた。藍は濃淡さまざまな鮮明さとともに、その芳香もまた好まれた。したがって女性たちもその染色の技に勘と骨をはたらかせてきた。

晒作業図絵馬（奈良県生駒市・高山八幡宮）　晒して白くした綿布や麻布は中世以来広く人々に好まれたが、奈良晒はことに有名で、元禄年間にはその生産量が百万反にも達した。その晒生産に女性が多くかかわり、技量を発揮した。

裁縫図絵馬（山形市・小白川天満神社）　女性は仕事着から晴着にいたるまで、家族の衣服をすべて自ら仕立てた。そのため、自らの修練だけでなく、お針のお師匠のもとに通って修行するとともに、上達を願って神仏に祈願した。

御田植神事の早乙女（大阪市・住吉大社）　田植月の五月に営まれる御田植神事は、実際に神田に早乙女によって早苗が植えられる。まさに穀霊を大地に植え込み、生育と繁殖を促す神事で、早乙女は聖なる女性であった。

善光寺参詣図絵馬（兵庫県浜坂町・相応峰寺）「牛に引かれて善光寺参り」と、江戸時代以来善光寺への信仰が急速に広まり、一生に一度は善光寺参りをしないと、浄土で阿弥陀の光明に浴せないと、多くの人々が参詣したが、ことに女性の参詣が主流を占めた。

祈る女

祈願図絵馬　母親は子どもの幸せを切願し、神仏に願をかけて絵馬を上げる。その「拝み絵馬」には母子が拝んでいる図が多く、それもたんに親子だけでなく、集団で拝んでいる図もある。また、子どもが生まれても乳の出ない母親は、乳を出してくださいと「乳しぼり」の図の絵馬を上げる。

ハレの日の遊び

『大阪十二ヶ月遊戯絵』より　明治・大正期の一年十二ヶ月の折々のハレの日の楽しい遊戯を描いた絵。それぞれの遊戯の優美なさまと、その情景が象徴的に描かれている。女児が遊戯の主役を占めていて、女児が大切に育てられていた良き時代の風俗を偲ばせる。

正月・追い羽根

三月・雛祭

四月・手毬

九月・月見

十月・亥の子

目　次

はじめに――『妹の力』の系譜

女性についての歴史的研究は、大正デモクラシーの展開の中で現われてきた。それは従来の歴史研究の多くが、男性を主体とする政治・経済・社会の動きを歴史的に研究するという立場に立つものであったのにたいし、女性も大きく男性と同等に社会的役割を果たしてきたという認識に立つものであった。そのはじめとして、まず婦人問題を主軸に、女性史というべき史的考察がおこなわれた。その一つの流れとして、河田嗣郎・中川善之助・堺利彦・喜田貞吉・渡辺義通ら、歴史学者だけでなく、社会運動家などさまざまの立場からの史的研究がなされた。また一方で、柳田国男・中山太郎・折口信夫・瀬川清子をはじめとして、民俗学の立場からの女性研究がおこなわれてきた。

その中でとくに画期的であったのが柳田国男が大正十四年（一九二五）に『婦人公論』に発表した「妹の力」に、その主題にかかわる多くの論考を加えて昭和十五年（一九四〇）に一書にまとめた『妹の力』である。そこでは女性の特性として神秘的な霊力をもつことを指摘し、もともと家々の婦女は必ず神に仕え、その中でもっとも優れたものが巫女となる。その巫女のもつ呪力がときに社会の諸々の成り行きを示し支え、また家の神の司祭者としての権威をもって、家の主・家刀自として才覚をもって裁量したことを明らかにした。

また、折口信夫は昭和四年（一九二九）から翌年にかけて、『古代研究』国文学篇・民俗学篇第一冊・民俗学篇第二冊を世に問うたのをはじめ、多くの論考で、婦女と神の交信を考え、そこから生み出した暮らしの知恵を探ろうとした。特異な女性史研究家高群逸技は、昭和十三年（一九三八）、『母系制の研究』で、氏族系譜の分析から日本古代における母系制を論じ、昭和三十年（一九五五）、『招婿婚の研究』では、平安貴族の日記類の考察を中心に、妻問婚から婿入婚へそして嫁入婚という婚姻の形態を明らかにした。

この高群逸技の研究は古代史研究に一石を投じたのであるが、高群逸技の著書とともに、昭和二十三年（一九四八）に刊行された井上清の『日本女性史』は、女性が差別され忍従を強いられた歴史を説き、新憲法によって認められた男女平等の歴史的意義を解明しようとしたもので、戦後の女性史研究のバイブル的書物でもあった。そうした中で個別研究ではなく、女性の全生活の歴史を明らかにすべきだということから、昭和五十七年（一九八二）に『日本女性史』全五巻、平成二年（一九九〇）に『日本女性生活史』全五巻を、女性史総合研究会が編んでいる。一方、昭和二十三年（一九四八）女性民俗学研究会が組織され、時を経て機関誌『女性と経験』が発刊され、今日第三十三号に至っている。

昭和六十二年（一九八七）、宮田登は、柳田国男の『妹の力』の系譜を汲みながら、都市とくに近世の江戸を「場」として、女性の力の諸相を描いた『ヒメの民俗学』を世に問うた。それは『妹の力』の今日的継承・展開でもあった。

ところで、従来の女性史の多くは、封建社会においては、女性は男性に差別され虐げられてきたという、短絡的一元的な思考によって叙述されてきたきらいがあった。しかし、女性は男性の及ばない霊力をもち、女性なりの特別な才覚と力量をもち、それを生活の中に活かしていた。そうしたことを常民生活の実態から評価せねばならない。

たとえば「名前」というものを考えた場合、名前は人間の肉体に付けられた記号ではなく、人間の霊魂に付けられたものである。したがって、大事を成し遂げ名をあげた初代の霊魂を継承するために、江戸時代の大店や役者などでは襲名がおこなわれた。それは今日にも継承されているのである。また、女性は自らの名を明かすことは魂を渡し得る夫だけとされたのであった。そのため、女性は実名を明かさない。明かすことによって魂が他人に奪われるという観念による慣習があったのである。ところが、江戸時代の「宗門改帳」や「人別帳」などには、家長はじめ男性の実名は書かれているが、女性は「女」「女房」「娘」などと書かれている例がある。これを取り上げて封建社会にあっては男尊女卑で、女性は名前すら不要で、男性の付属物としてしか認められておらず、それが封建的家族制度の実態だと唱えた一部歴史家や女性運動家がいた。しかし、こうした説はかえって女性の尊厳を傷つけるものであった。したがって、生活慣習の中における女性の位置付けを一つの視点で決めるのではなく、単眼から複眼、さらに多眼的に見詰める必要があるのである。

こうしたことからも、すでに研究され定説となっている歴史上の事柄についても、改めて少し異なった視点で考えてみると、また普段あまり気に留めないで、無意識のうちにおこなわれている暮らしの中の事象、すなわち主体と客体の本来的な霊力の作用による認識と行動、また本来持ち合わせる才能をひけらかすことなく、静かに穏やかに実践している女性の姿を見詰めることができる。本書は、そのことによって女人にたいする認識を新たにしようとするものである。

第一章　霊力をもつ女

国を治める巫女

卑弥呼の後裔たち

女性は自らのもつ生理的特性から、男性を超える特有の霊力をもっていると信じられ、またそのように機能してきた。それは神にもっとも近い存在として、神意を託宣する呪術宗教家としての巫女が存在し、古い時代においてはたんに神意を託宣するというだけでなく。その霊能力・権威をもって国政をも司った。邪馬台国の女王卑弥呼はその代表的な女性である。

卑弥呼については、『三国志』の『魏志』東夷伝倭人の条によれば、二世紀の後半に倭国に戦乱が起ったさい、倭国内の諸小国の首長によって邪馬台国の王に擁立され、邪馬台国を含む倭国の戦乱を終息させたという。この卑弥呼は「鬼道」を事としたというが、それは呪術宗教の司祭に努め、民を心服させる能力を備えていたことをいっているのである。また、「年已《としすで》に長大なるも夫婿無く」と夫はおらず、現実的な政治の面は、「男弟有りて治国を佐《たす》く」と、もっぱら弟に任せ、人々の前には姿を見せず、もっぱら鬼道に努めたのであった。すなわち、卑弥呼は有力強大な巫女として、神意をうかがいながら政務を大所高所から輔《たす》けたのであった。

今月、伊勢神宮の内宮をはじめとする奉斎神で、皇室の祖先神として尊崇されている天照大御神も、「日の妻」すなわち太陽神の妻としての巫女であった。『古事記』によれば、伊邪那岐命が黄泉国を訪れて穢れにふれ、禊祓して左の目を洗ったさいに天照大神、右の目を洗ったおりに月読命が、鼻を洗ったとき須佐之男が誕生したと伝える。『日本書紀』には伊奘諾尊と伊奘冉尊が、海、川、木、草を生み、ついで天下の主たるものを生まんとして日の神を生んだという。そして「大日霊貴と号す」とし、「一書に曰く、天照大神と記す」としている。

ところで、『古事記』にはこの神が忌服屋《いみはたや》（神聖な機織の殿）に籠り、神衣を織ることを記しており、また『日本書紀』には自ら神田を営み、新嘗の祭をおこなっていることを記している。また、この神を「日女《ひるめ》」と称しているが、それは太陽女神そのものではなく、「日の妻」すなわち太陽神の妻で、男性日神天照大神に仕えた神妻としての巫女であったのである。わが国では卑弥呼は別として記紀神話以降、民間伝承において巫女は男神の妻と考えられていることが普通であり、天照大神の場合もそうであろうと考えられている。

なお、『日本書紀』の「神武紀」には兄猾《えうかし》・弟猾《おとかし》、兄磯城《しき》・弟磯城、兄倉下《くらじ》・弟倉下、などの名が見えるが、この兄・弟は今日の用法からいえば男子の年上・年下と考えがちであるが、古代の用法では兄《え》というのは同母の子のうち年少者から見た年長者で、弟・妹から見た兄・姉で、弟《おと》はその逆で兄・姉から見た弟・妹である。したがって「兄」は年上の男女、「弟」は年下の男女ということになる。このさい諱《いみな》を同じくする同母の兄弟姉妹であるから、兄が政事権者で妹が祭事権者、あるいはその逆で姉が祭事権者、弟が政事権者であるともいえる。そのさい卑弥呼の例にしても天照大神の例からしても、祭事権者である方が、部族や国を代表する長《おさ》としての地位を占めていたように考えられる。そして祭事権を持つ姉妹が現人神《あらひとがみ》として、兄弟の政事権を保証していたのであった。こうしたことは、女性が巫女的・神的素質をもつものとする意識が古くから存在していたことを物語っている。

　こうした巫女は、しだいに神憑りをして神霊の意を託宣することを専らとするものになるが、『続日本紀』などに神子《かんこ》と記され、『和訓栞《わくんのしおり》』には神子と書き、「巫女をいふ也。祝詞式に巫をかんことよめり。神子の義なればみこは其略也」とある。この流れを汲むものとして、かつては大神《おおみわ》神社に宮《みや》能売《のめ》、熱田神宮に惣《そう》ノ市《いち》、松尾大社に斎子《いつきこ》、鹿島神宮に物忌《ものいみ》、厳島神社に内侍《ないし》、塩竈神社に若《わか》、出羽神社に女別当などの名称の巫女がいた。だがそれらの巫女はまだ神の司祭者としての呪術的宗教者の職能をもっていたが、やがて男性祠職としての神主・祝《はふり》・禰宜《ねぎ》などに司祭の立場をとって代られ、補助的神職としての地位に零落する風もあった。

　さらに、社寺に所属することなく、各地を漂泊して、「神降ろし」「仏降ろし」「勧進」などをおこなう「歩き巫女《みこ》」と称する巫女も現われた。『梁塵秘抄』や『沙石集』などにそうした記事が見えるから、すでに中世に巫女の存在がうかがえる。全国に熊野信仰を広めるために漂泊の旅をした熊野比《び》丘尼《くに》や、諸国を回国したという尼形の「八百《やお》比丘尼」と称された巫女がいた。こうした巫女は漂泊性が強く、広く流浪の旅をするものと、定期的に特定地域を廻るものとがあった。そうした漂泊・回国のなかで霊能者となるものもあったし、零落して遊女となるものもあったのである。

また、神霊や生霊・死霊を招き寄せ、自身にあるいはヨリマシに憑かせて、その意を語るという「口寄せ巫女」も生まれた。東北地方のイタコ、オカミン、関東地方のアズサミコ、九州地方のイチジョウ、沖縄・奄美地方のユタなどが知られる。こうした在野の巫女の活動は、民間信仰や口承文芸に大きな影響を与えたのであった。

ところで、沖縄には大きな社会的機能をはたした巫女がいた。それはノロ（祝女）と称し、各村落での最高の司祭者である。ノロは「祈《の》る」「宣《の》る」およびそれらをおこなう者の意である。十二世紀頃にそれまで明確に支配・被支配の関係はなく、根人《ゆうちゆ》や根神《ゆうがん》によって指導されていた部落が、数部落あるいは十数部落によって間切《まぎり》（村）という生活単位となり、按司《あじ》がその統括者として他を統括することになると、従来各部落にいた根神の上に新たに祝女をおいて統率させ、按司《あじ》の姉妹や娘がオヤノロとして、間切のノロや各部落の根神の上に立って祭祀を司った。

こうしたノロたちは、火の神を通じてマキヨと称する部落の守護神であるウタキ（御嶽）を拝み、按司の繁栄、マキヨや間切の平和、五穀の豊穣、航海の安全など、按司と領民の繁栄を祈った。ことに貢物の輸送にあたっては、直接乗り出して交通安全を祈願したのであった。こうしたノロの司祭に支えられ、按司は間切の支配を安泰なものにし、それぞれにグスク（城）を構えた。今日も沖縄全域に百以上もの古城跡がある。十一世紀から十四世紀にかけて按司たちが築いた居城で、その場所の多くは祖先の葬地で、グスクと呼ばれる聖地であった。

全国のノロを支配する琉球王国最高の女性司祭者が「聞得大君《きこえのおおきみ》」である。聞得大君というのは名高い偉大な君の意である。最初の聞得大君は尚真王の姉妹「おとち」と「のもいかね」であると「玉御殿の碑文」（一五〇一年）にある。以後、王女・王姪・王妃らがその職を継いだ。未婚の場合もあるが多くは既婚の女性であった。城外の聞得大君御殿に住み、王の「おなり神」として、王を霊的に守護する役割を果たしたのである。

この聞得大君のもとには首里殿内《どんち》、真壁殿内、儀保《ぎぼ》殿内をおき、そこには三山の有力者の女が選ばれてオオアムシアレと称する巫女が配され、祭祀区域を三つに分け、おのおのの遥拝所が首里の三平《みひ》等《ら》と称する三カ所に設けられ、オオアムシアレが首里の祭祀を司り、各地域のノロを支配した。このオオアムシアレのもとに、伊平屋島・久米島・宮古・八重山・奄美の島々に、その地のノロを統制する神女が任命された。ここに聞得大君を最頂点とする神女の中央集権組織が形成された。神女らは御嶽や自らの御殿の火の神を通じ、祖先祭祀はもとより、国王の長寿、王家の繁栄、領内の平和、五穀の豊穣、航海の安全、按司の安泰などの祈願をおこなったのである。

赤色の呪力

今日、巫女といえば神社で神官を補助し、また神楽などの神事芸を神に奉納してくれる、白衣に赤袴の若い女性を想起する。赤い袴こそが巫女の象徴であり、この赤色にこそ大きな意味がある。それは太陽の色・火の色で、聖なる色である。天照大神は太陽神だといい、聞得大君は火の神だと信じるのも共通している。太陽は明るく世を照らす聖なる色で、火は穢れをすべて焼き払い、清浄空間をつくり出す威力を持つ色である。したがって、一般にも赤い色は聖なる色、魔を払う色、一人前を示す色として重要視されている。

女性の腰巻は年齢階梯を示し、成人すると桃色の腰巻、結婚すると赤色の腰巻、主婦権を譲った老女は空色の腰巻をするのが一般的な風習であり、赤色の腰巻は主婦権をもつ力強い女性の象徴であった。御田植神事のさい神田に田植をする早乙女たちが、まっ赤な腰巻を見せて苗を植えるのも、一人前の女性で神に仕える資格のあることを示すものであった。また近くに火事があると、女房の赤い腰巻を竿の先につけ、屋根に上って振りまわすと類焼をまぬがれるという。対馬ではイルカ漁のときに、漁師の女房が自分のしている赤い腰巻をとって、イルカにかぶせるとその分だけは占有が認められるという。

こうした赤色の呪力は男性の生活の中にもおよんでいる。女性の腰巻に対応するのが男性の褌である。歌舞伎で助六が見得をきるところを見てもわかるように、裾をパッとまくり上げて赤い褌を見せる。これは、俺は一人前の力強い男だぞということを誇示した姿であり、張り切った心を表現しているのである。なお、学習院ではいまもおこなっているが、遠泳のさい赤い褌を締めさせるのも、海底の悪霊やさまざまな危難を、聖なる色である赤色でもって免れ、身を守ろうとするのである。

現人神の顕現

日本の神は、人間が目で見ることのできない〝霊魂〟と意識されている。そのため「神霊」とも称する。しかし、古代においては必ずしもそうではなく、特異な霊力をもつ一人の女性、とくにすぐれた呪力をもつ女性すなわち巫女を生ける神、人間の姿をした現人神とすることもあった。その典型が天照大神といえるであろう。

天照大神は『日本書紀』や『万葉集』などでは、「ヒルメ」とも呼ばれている。すなわち日の神に仕える巫女である。巫女は仕える男神に憑かれ、その子を生む母神となる。そこでヒルメは日の神に感精して神の子の母となり、その子が支配者の地位を確立すると、母であるヒルメ自身が日の神に昇格して、天照大神となったという説もあるのである。

ところで、『古事記』で語られる「天岩屋戸」の話も、現人神の姿をよく物語っている。天照大神は堪えていた須佐之男命の度重なる乱暴を遂に怒り、天岩屋戸を開けてその中に籠ったので、天地は暗黒となり数々の災いが起ったというのである。ここで天岩屋戸を設定しているのには意味がある。古代の人々は天空他界から神が降臨する聖なる山である「神奈備《かんなび》」、降臨した神が籠る岩屋としての「磐座《いわくら》」、神の依代としての常緑の樹木たる「神籬《ひもろぎ》」の存在を信じていた。天岩屋はまさに磐座であり、古代日本人の心意を汲み取ったものであるといえる。

御田植神事における巫女

天照大神の話にあるような巫女が神の子を生むことは、いまの神事の中に伝えられている。それは奈良県磯城《しき》郡川西町保田の六県《むつがた》神社の、俗に「子出来おんだ」と呼ばれる御田植神事である。旧暦一月十四日（現・二月十四日）夜、年頭における農耕予祝行事として行われる。拝殿における「水見回り」「荒起こし」「畝切り」「馬鍬かき」「肥おき」「土こなげ」「田植え」など農耕の模擬演技が青年たちによって行われたあと、白装束に手拭で姉さんかぶりをして、乙女に扮した若者が現われる。

これは「ヒルマモチ」と称する弁当持ちで、神に食事を捧げる巫女役である。桶に米三升を入れて弁当とし、それを頭上にいただいて弁当を運ぶ所作をする。この巫女役はまた下腹に太鼓を入れて妊婦に扮しており、神としての神官と問答のすえ、巫女役が「腹がキリキリと痛んできました」と陣痛を訴え、腹に入れた太鼓をポーンと放り出す。神官がその太鼓を拾い上げて「ボン（男児）ができた、ボンできた」といって、その太鼓をポンポン叩く。これは神に召された巫女が神の子を産むことを表わした所作である。なお、この神事は生殖をもって稲の繁殖を祈念するものである。

天皇に代わって神に奉仕した皇女

斎王の祭儀——伊勢神宮と賀茂社

古くから女性は神にもっとも近い存在とされ、民間でも神酒《みき》を造り、神食を捧げ、神衣を織り、神楽を舞うなどして神事に大きく関わってきたのであるが、宮廷においてもまったく同じで、むしろ厳格であった。斎王はその典型的な存在であった。古代・中世において代々の天皇の即位ごとに、未婚の内親王あるいは女王のなかから、占いによって定められる。斎王は天照大神の後杖代として伊勢に派遣されて、伊勢神宮の祭祀を司るのである。その起源は記紀の伝承にはじまるが、制度的には七世紀後半の天武天皇の時代からで、天武天皇の娘である大来皇女《おおくのひめみこ》がはじめであったらしい。以後、後醍醐天皇の時代まで約六百年間続き、その間記録によれば六十人余の斎王の名が残されている。

斎王になると宮中の雅楽寮・宮内省・主殿《とのもの》省などを便宜的に初斎院とされ、そこで厳重な斎戒沐浴に入り、翌年の八月に宮外に新造された野宮《ののみや》に移り、潔斎の日々を送って身を清める。野宮は洛西に置かれたようで、『源氏物語』賢木《さかき》巻の舞台ともなる。嵯峨野の野々宮神社はある時期の野宮の跡であるといわれる。そして、野宮入りの翌年九月、天皇と永別のたてまえで、伊勢神宮の神嘗祭《かんなめのまつり》にあわせて都を旅立って伊勢に向かう。その日の朝に、斎王は野宮を出て桂川で禊《みそぎ》をおこない、大極殿での発遣《はっけん》の儀式に臨む。そこでは天皇が斎王の額髪に小型の櫛を挿し、「京の方に赴き給ふな」と告げるのである。

発遣の儀式を終えると、斎王は葱華輦《そうかれん》という輿に乗り、朝奉送使以下の官人に付き添われ、京極まで見送る勅使など五百人余りの大規模な行列で、それを群行《ぐんぎょう》と呼ばれた。群行はまず近江国府の勢多頓宮（群行のために臨時に造営された宿舎）で一泊し、ここで斎王の櫛が櫛箱に納められる。そこから甲賀頓宮・垂水頓宮・鈴鹿頓宮・壱志頓宮と、五泊六日の旅を経て伊勢国多気郡の斎宮に入る。この斎宮は「さいぐう」「いつきのみや」と呼ばれ、斎王の宮殿と斎宮寮と称する役所から成る。

斎王が伊勢神宮に赴くのは、六月と十二月の月次《つきなみ》祭、九月の神嘗祭の三節祭である。斎王は三節祭の前月の晦日に祓川や尾野湊（大淀浜）で禊をおこない、十五日に斎宮を出て度会《わたらい》郡の離宮に入り、翌十六日には外宮、十七日には内宮に赴いて奉祀し、十八日に再び斎宮に帰る。この三節祭のほか斎宮ではさまざまな祭祀のほか、宮廷とほぼ同様な年中行事がおこなわれたのである。

なお、斎宮がその任を解かれるのは、天皇が没したり譲位することによるのを原則としたが、父母の喪、斎王自身の疾病・過失などによった。そうしたときの帰路は往路と同じ鈴鹿峠・近江路を通る。だが、凶事など不幸な理由で任を解かれて帰京するときには、伊勢国の壱志・川口から伊賀の阿保・

大和国の都介《つげ》・山城国の相楽《そうらく》と、伊賀・大和路を通る決まりであった。しかし、いずれの場合も難波津で禊をおこなったのち、密かに入京したのであった。

こうした伊勢の斎宮と同様の制度に、賀茂社の斎院があった。平安時代初期に王城守護の神とされていた賀茂社にも斎王を奉仕させることとされた。この斎王も未婚女性であることはいうまでもない。嵯峨天皇の皇女である当時五歳の有智子《うちこ》内親王が初代斎王であった。この斎王は洛北の紫野に造営された「斎院」に住んだところから、斎院とも呼ばれた。だが、この斎院での営みはそう詳らかでない。しかし、賀茂社に斎王の存在したことは、今日の葵《あおいまつり》祭にうかがうことができる。

葵祭は正式には賀茂祭といい、賀茂御祖《みおや》神社と賀茂別《わけいかづち》雷神社の祭礼で、古く欽明天皇のころからはじまったという。下鴨の賀茂御祖神社は玉依日売とその父神である賀茂建角身命《かものたけつぬみのみこと》を祀る。『風土記』に伝えるところによれば、玉依日売が石川の瀬見の小川で丹塗《にぬり》矢によって別《わけいかづちのみこと》雷命を生んだといい、その別雷命を祀るのが上賀茂の賀茂別雷神社である。そのためこの両社を「下上の社」という。この祭に季節の花である葵を神に捧げ、祭儀に列する人々がみな葵・桂を挿頭《かざし》として身につけるところから「葵祭」と呼ばれるようになった。祭日はもともと四月の中の酉の日であったが、いまは五月十五日である。

祭の日には勅使（近衛少将）をはじめ院、中宮・東宮などの使、近衛府の官人たちが行列をつくって両社に参向した。また、祭の前の午あるいは未の日に賀茂の斎王の御禊が挙行された。そして祭の翌日に斎王が斎院に帰るのを「祭のかへさ」といった。このように古くは斎王と勅使の行列は別々であったが、きわめて華麗な行列であった。そのため見物衆は多く、一条大路は人垣ができ、道長の一条桟敷をはじめ見物衆のための桟敷がいくつもつくられたし、車を仕立てて見物するための場所争いがおこり、『源氏物語』の葵の上と六条御息所《みやすどころ》の車争いの話は有名である。

なお、賀茂祭は応仁・文明の乱により二百年ほど中絶し、江戸時代中期に復興したが、その後、明治初年と第二次世界大戦中・終戦直後に中絶期があったものの、昭和二十八年（一九五三）に再興され今日に至っている。今日の葵祭は宮中の儀、路頭の儀、社頭の儀の三儀がおこなわれているが、このうち路頭の儀が一般に「葵祭」と呼ばれてよく知られる雅やかな渡御である。だが、この渡御は神幸の列ではなく、勅使を中心として加茂社へ参ずる奉幣使らの参向の行列であり、この行装こそ平安の王朝風俗そのままで、葵祭の圧巻である。

行列は検非違使《けびいし》の一群の先導で、検非違使尉、それについで山城使が騎馬で勅使に先行する。つぎに御幣櫃、内蔵寮の史生、馬寮使、そして勅使になる近衛少将が牛車を従えて騎馬で行く。これに護衛の随臣四名がつき、さらに陪従七人が従い、本列の最後に御祭文を捧持する内蔵使が従う。これに斎王代が加わる。賀茂の斎王の制は鎌倉時代初期で終っているので、「斎王代」と称するのである。斎王代は俗に十二単衣といわれる物具《もののぐ》姿で輿に乗り、小袿《こうちぎ》姿の命婦《みようふ》を先頭に、袿《うちき》姿の女嬬《にようにゆ》、それに童女、騎女《うまのりおんな》を従え、さらに伶人が太鼓、鉦鼓、一鼓、笛、笙で道楽《みちがく》を奏して続く。この斎王代の行列は本列とは別に路頭を行進するのである。

ところで、伊勢であれ賀茂であれ、神に仕えた斎王は特異な環境に生きたこともあって、後世に語り伝えられた艶やかな生涯を終えた女性、数奇なる生涯を終えた女性などさまざまであった。聖武天皇時代の井上内親王は、その娘酒人《さかひと》内親王、孫の朝原《あさはら》内親王とともに三代にわたって伊勢の斎王に選ばれ、帰京後はまたそれぞれ光仁・桓武・平城の父子三代の后妃になるという、めずらしい例もあった。もちろんそのなかには井上内親王のように廃后の憂き目にあい、非業の死を遂げた女性もあった。

それはそれとして、斎王の恋愛譚もまた世上を賑わしたのであった。「昔男ありけり」であまりにも有名な『伊勢物語』は、在原業平を主人公にしているが、もっとも幻想的とされる「狩の使」の段は、斎宮を舞台に斎王恬子《やす》内親王の在原業平とのはかない恋が描かれていて、話題となったものである。藤原定家との恋が語り伝えられた式子《しきし》内親王、帰京後、藤原道雅との恋に身を焦がした当子《まさこ》内親王。斎王に選ばれたことで恋人藤原敦忠との仲をさかれた雅子内親王など話題は絶えない。そうしたことは『伊勢物語』をはじめ、『大和物語』や『栄華物語』『増鏡』『とはずがたり』その他で語られた話によくうかがうことができる。

神に仕える未婚の皇女という特殊な立場にあった斎王は、王朝文学に登場したりモデルとされることしばしばであったが、斎王ら自身もまた文雅の道に秀でていた。伊勢の斎宮では平安時代後期の良《よし》子《こ》内親王、規子《のりこ》内親王の時などは、都の歌人が参加して「斎宮歌合せ」が催されたし、徽子《よしこ》内親王は帰京後、村上天皇の女御《にょうご》となったことから、「斎宮女御」と呼ばれ、三十六歌仙の一人に数えられ、歌集『斎宮女御集』を遺している。

しかし、賀茂の斎院は伊勢の斎宮とちがい、都にあったことから世俗との交わりもあり、文芸サロンともいうべき性格も持っていた。漢詩をよくした有智子内親王は、文人を召して詩宴を開き、その費用は下賜されていた。また、五十七年間も斎王（斎院）をつとめたことから「大斎院」と称された村上天皇皇女の選子《せんし》内親王は奉仕する女房たちを「歌のかみ・すけ」「物語のかみ・すけ」に任じ、その助勢で和歌や短編物語をつくって楽しんだ。そして「斎院はめでたし、ましてこのごろはめでたし」と紫式部や清少納言から羨ましがられたという。

酒を造り捧げる乙女

酒をつくる乙女

日本人は穀物を栽培し、食用としはじめた古い時代から、人間に霊魂が宿ると同じように穀物にも霊魂が宿ると考え、その人間の霊魂と穀物の霊魂は渾然一体であると観念していた。稲作社会になると穀物の主たるものは米となり、しだいに米は日常の食料として、ときに蒸しまた煮炊きして食したのである。しかし日々の持続によって人間の霊魂は衰弱する。そうしたときになんらかの意味で非日常すなわちハレの日を設けた。それが年中行事の日であり、ある種の神祭りの日である。そのもっとも代表的なものが祭りであり、そのときには稲米の霊魂を食して人間の衰弱した霊魂を補強し、再生しようとしたのである。それには穀物すなわち米そのものとともに、特別に調製したものを神に捧げ、人間も神と同じものを食して神人共食をした。これすなわち直会《なおらい》である。

この特別に調製するものとして、米を醗酵させて半液状あるいは液状にしたのが酒であり、米を蒸して搗き丸めたのが餅である。したがって祝詞の中でも神に捧げる神饌にふれて、「御食《みけ》、御酒《みき》、御餅《かがみ》を始め、種々《くさぐさ》の物を……」と奏されるように、飯・酒・餅は最上位に扱われ、ことに神饌としての酒は今日の神事においても正中《しょうちゅう》といって、最上段の中心に据えられ、その両側に飯と餅が置かれるのである。この御酒（神酒）は御食すなわち御飯と共通であり、ミケ・ミキとその語源も同じである。ことに酒はそれを飲むことによって一種の興奮状態をおぼえ、そのことによって神に近づくことができ、それはまた神慮によるものと意識したのであった。だからサケという言葉の語源も、サカエルすなわち「栄える」からきているといわれている。したがって、酒は本来日常飲むのではなく、神事のとき、何らかの意味で神祭りの日である年中行事のときのみに飲むものであった。そして、この酒を造るのがほかならぬ女性であった。

大神《おおみわ》神社は、古来酒の神として篤く崇敬されてきたことは周知のところである。すでに『日本書紀』巻五の「崇神記」に、

八年の夏四月の庚子の朔乙卯に、高橋邑の人活日《いくひ》を以て、大神の掌酒《さかびと》（掌酒、此をば佐介弭苔《さかびと》と云ふ）とす。

冬十二月の丙申の朔乙卯に、天皇、大田田根子を以て、大神を祭らしむ。是の日に、活日自ら神酒《みわ》を挙げて、天皇に献る。

と見え、崇神天皇八年に、高橋邑の活日をもって大神の掌酒とされ、大田田根子をもって大神を祀らしめるとき、活日自ら神酒を捧げて天皇に奉ったというのである。このとき活日は、

此の神酒《みき》は　我か神酒《みき》ならず　倭《やまとな》成す　大物主の　醸《か》みし神酒《みき》　幾久《いくひさ》　幾久

と歌った。そこで天皇は神の宴を催され、宴に連なった諸臣が、

味酒《うまさけ》　三輪の殿の　朝門《あさと》にも　出《い》でて行《ゆ》かな　三輪の殿門《とのと》を

と歌ったので、天皇は、

味酒　三輪の殿の　朝門にも　押し開かね　三輪の殿門を

と和せられて、神の宮の門を開いてお出でになったと、酒寿《さかほかい》の歌を中心とする説話が伝えられている。

この崇神天皇冬十二月条の記事に見られるように、神酒の古語をミワといい、酒を醸す壺すなわち酒甕もミワといい、そこからウマシサケミワの詞となって、味酒が三輪の枕詞とされるようになったのである。『万葉集』巻第一に「額田王の近江国に下りし時作る歌、井戸王すなはち和ふる歌」として、

味酒　三輪の山　あをによし　奈良の山の　山の際《ま》に　い隠るまで　道の隈　い積るまでに　つばらにも　見つつ行かむを　しはしばも　見放《さ》けむ山を　情《こころ》なく　雲の　隠さふべしや

や、『万葉集』巻第八の「長屋王の歌一首」にも、

味酒　三輪の祝《はふり》の　山照らす　秋の黄葉《もみち》の　散らまく惜しも

をはじめ、数多く味酒を枕詞として歌われている。

ところで、酒はもともと薬として考えられており、『日本書紀』巻九の「神功皇后紀」に、

十三年の春二月《きさらぎ》の丁巳《ひのとのみ》の朔甲子《ついたちきのえねのひ》に、武内宿禰に命《みことおほ》せて、太子《ひつぎのみこ》に従ひて角鹿《つのが》の笥飯大神《けひのおほみかみ》を拝みまつらむ。癸酉《みづのとりのひ》に、太子、角鹿より至《かへりいた》りたまふ。是の日に、皇太后《おほきさき》、太子と大殿に宴《とよのあかり》したまふ。皇太后、觴《みさかづき》を挙《ささ》げて太子に寿《さかほがひ》したまふ。因りて歌《みうたよみ》して曰く。

此の御酒《みき》は　吾が御酒《みき》ならず　神酒《くし》の司《かみ》　常世《とこよ》に坐す　いはたたす　少御神《すくなみかみ》の　豊寿《とよほ》き　寿《ほ》き廻《もと》ほし　神寿《かむほ》き　寿《ほ》き狂《くる》ほし　奉《まう》り来し御酒そ　あさず飲《を》せ　ささ

武内宿禰、太子の為に答歌《かへしうた》して曰さく、

此の御酒を　醸《か》みけむ人は　その鼓《つづみ》　臼に立てて　歌ひつつ　醸《か》みけめかも　此の御酒の　あやに　うた楽し　ささ

という歌があり、これは『古事記』にも記載されているが、神酒《くし》の司《かみ》すなわちクシノカミのクシは奇シの意があるが、クスリ（薬）と同根の語である。そして大物主・少彦名の神はいずれも出雲の神で、出雲神人たちには医療の神として信じられ、特殊な医術を伝えていた。したがって酒も薬であったことがうかがえる。そして武内宿禰の「和之歌」にあるように、この酒を造った人は、鼓を打ち臼を叩いて神霊を躍動せしめ、祝福に祝福を重ねに重ねて造った、神聖にして霊力を込めた酒だというのである。この歌はたまたま皇太后や宿禰という特定の貴人が作ったものになっているが、宮廷の酒宴には常にこうした酒祝いの歌が歌われていたらしい。『古事記』では「此者酒楽之歌也」と註がついており、酒楽はサカホガヒで酒を言寿《ことほ》ぐことである。神事には酒が欠かせぬものとなっており、その酒を造ることはきわめて重要であり、また当時の製法からして難しいことであったので、できあがった酒そのものを祝福したのであった。

神に捧げる一夜酒

さて、大神の掌酒高橋活日《いくひ》はのちに酒造の神として祀られるのであるが、その社が活日神社で、後世明治十年（一八七七）三月二十一日の大神神社摂社指定令達でも、狭井坐大神荒魂神社・神坐日向神社・玉列神社・大直禰神社・桧原神社・高宮社・綱越神社・邊都磐座神社・活日神社・神御前神社、以上十社と、摂社十社の中に列せられ、その重要な位置をうかがうことができる。

この活日神社は本社拝殿北方活日川の上に鎮座するのであるが、『三輪社記』には、

一夜酒神社　佐介弭苫命　高橋氏神主

とあり、『享保中大神社覚書』の末社の項に、

一夜酒宮　右同断（天王宮と同じで、表行三尺貳寸、奥行五尺四寸、屋根板）

そして、同書の橋の項で、

一夜酒橋　長サ二間　幅壱間　八ツ橋ト云

とあり、社殿前の活日川に橋がかかっていたという。さらに『三輪神社獨案内』下にも、

一夜酒社　本社の北に有　四月卯の日に、

一夜に酒を造り上るなり、高橋の活日を祭るなり、委は縁起にあり

とある。『大和名所図会』にもこの一夜酒社の名が見える。

　そこで、高橋活日を祀る活日社を一夜酒社と称するところに大きな意味がある。わが国では古くから、神祭りにさいして、酒が神と人との交歓を実あるものにするための、もっとも重要なものと考えられてきた。その酒が本来「一夜酒」であった。神事を営むにあたって、女性が米を口に含んで嚙み、唾液中の酵母で醗酵させた口醸酒《くちかみ》、すなわち唾液酒であった。醸《かも》すは醸《か》むの転訛であり、今日、女性のことを「おかみさん」というのも、酒を醸《か》む人からきた言葉であるという説もある。

　記紀にでてくる天甜酒《あまのたむさけ》や八醞酒《やしおりのさけ》の天甜酒は、甘味のある酒で、一夜酒の甘酒であったらしい。八醞酒は醞《しぼ》る、すなわち搾った酒で、甘酒状のものを搾って粕を取り除き、それに飯や粥などを加えて再醗酵させて、強くした強酒《こわざけ》であった。神話の中にでてくる八岐大蛇は、この八醞酒で酔って殺されたというのである。八醞の「八」は八回という意味でなく、反復という意味で、何回も何回も反復醗酵させた酒のことである。

　神に供える酒すなわち神酒には、ほかに粢酒《しとぎさけ》もある。白米をあらかじめ水に浸しておいて、それを石臼で挽くと、湿り気のある米の粉ができる。これを粢《しとぎ》という。それを湯や水で研ぐと酒ができる。それが粢酒で、一夜酒の一つである。この粢を練って捏《こ》ねたのが粢餅《しとぎもち》である。神饌にはよく粢が加えられるのであるが、今日一般に供えられる洗米すなわち散米は、この粢の一種というか、粢の代りをなすものである。

　ところで、古い時代の神饌の品目はきわめて多彩であるが、普通は稲・米・餅・酒・野菜・海菜・

魚介・鳥獣・菓実・塩水などである。稲には和稲《にぎしね》と荒稲、米には粢・糈米《くましね》・粿米《かしよね》・散米、餅は鏡餅、酒には白酒《しろき》・黒酒《くろき》、野菜には甘菜・辛菜、海菜には奥津藻菜《おきつもな》・辺津《へつ》藻菜、魚介は鰭広物《はたのひろもの》・鰭狭物《はたのさもの》、鳥獣には毛和物《けのにごもの》・毛麁物《けのあらもの》などがある。これらの神饌を供えるとき、上段の正中に据えられるのが神酒である。それほど神酒は神饌の中でも重要な位置を占めていたのである。

この神酒の白酒・黒酒の語は、『古事記』以来あらわれるが、実際にどんなものであったか明らかでなく諸説あり、一説には白酒は清酒で、黒酒は濁酒だとするが、『貞丈雑記』などでは、草木の灰を混ぜたものを黒酒、それを混ぜないものを白酒というとしている。古代の酒は濁酒で白色をしている。それを澄んだ酒にしようと努力し、波々迦《ははか》というサクラ科の小灌木の葉と花を焼き、その灰を混ぜてホップ様の苦みをつけ、そしてまた澄んだ酒にしようとした。だが濁白に波々迦の炭・灰を混ぜると灰色の酒になるので、それを黒酒といったのである。したがって白酒は濁酒、黒酒は清酒《すみざけ》ということになる。この黒酒が、やがて慶長年間（一五九六〜一六一四）になると藁灰の灰汁《あく》を入れて澄ませ、それが今日の清酒《せいしゅ》となるのである。

この酒を神に捧げ、その御下りをいただいて人々が飲みあう、すなわち神人共食することが祭りの本義であり、それが直会《なおらい》であり宴《うたげ》であった。すなわち酒盛りも、もとは祭りのさい、神の前で一つの儀式として、厳重な秩序のもとにおこなわれたものであった。酒盛りにはかならず祝歌、のちには謡がつき、一人一人盃をまわして飲むたびに歌ったものである。こうしたことを「ウタゲ」という。そして、盃を重ねること五献に及ぶのが本式であった。そのさい、初献の肴はたいていきまっていて、二献からあとはみなちがった肴をつける。この肴を見立てることを「献立」というのである。

ところで、この五献を厳格にしていると夜が明けることがあるので、しばしば略式でおこなわれる。本来は五ツ重ねの盃を、上の小さい方から順番にまわして飲むのであるが、略式になると折敷《おしき》や膳の上に五ツの盃を並べておき、小さい盃からいっせいに飲む風も生まれた。そのさい左手におかれた盃が一番大きく、あとに用いられるのであるが、これを酒好きでたくさん飲む人にすすめるために、順序をとばして左の方からすすめることがある。酒をよく飲む人のことを「左きき」というのも、ここから生まれた言葉である。また、一献二献とすすめ、三献ぐらいを大きな盃にして、あとは一人一人盃を持って勝手に振舞う風も生まれた。これを「隠座《おんざ》」というが、いまではこのオンザのみが酒盛りになってしまったのである。

この酒を造り、神に捧げるのが本来は女性であった。一夜酒も女性が醸したのであり、それは巫女としての仕事であった。女性がその体質的・生理的な特徴から、いわば異常心理ともいうべき状態になって所作することがありがちだと見た古代人は、女性を押し立てて神意を直接うかがう仲介者に仕立てたのである。そして、その託宣をもって社会をリードしたのであった。かの邪馬台国の女王卑弥呼もそうした巫女であった。

中国では酒造りの氏族を杜氏《とし》という。そこからわが国でも酒造りの人やその集団を杜氏《とうじ》というが、老女のことを「刀自《とじ》」というのも、そこに何か関係があるらしい。神祭り以外の普段にも酒宴をする風習もひろまってくると、刀自も酒席に出て一献一献ついだのであった。のちにその風習は乱れて刀自が退き、遊女や芸者が酒席に侍るようになった。この遊女ももとはといえば巫女であった。巫女はしだいに政治的・社会的意味での発言者の地位を退き、職業化し、特定の神社に仕えるようになる。また、のちには特定の神社に仕えることなく遊行する、いわゆる歩き巫女《みこ》も現れてくる。彼女らは村々の祭りを渡り歩き、神楽を演じて託宣をする芸能者でもあったが、なかには零落して身体を売ったり、酒席に侍るものもあった。そこに酒席専門の芸者も出てくるのである。今日何とはなしに芸者を侍らして酒を飲む風習があるが、そのなかにも深い意味をもつ歴史があり、習俗が綾なしているのである。

酒造りから排除される女性

酒はもともと神に捧げ、その御下りを頂いて相嘗するものであり、それを造り捧げるのが聖なる女性であった。しかしまた、しだいに俗なる性格を持つようになり、なかには零落した酒造りも現われてくる。それもやはり女性が主体であった。『日本霊異記』中巻第三十二話に、

聖武天皇の世に、紀伊国名草郡三上村の人、薬王寺のために知識を率引、薬王寺の分を息貫《いら》へ、其の薬料の物を岡田村主姑女《おかだのすぐりそばめ》の家に寄せて、酒を作りて息利《うまは》す。

の件《くだり》がある、すなわち、岡田村主姑女は寺から薬料としての稲を貸りて酒を造り、利息付きで貸付けたというのである。この一連の文中で彼女のことを「酒を作る家主」といっており、酒造家であった

とも考えられる。

室町時代にも酒造りは女性であり、『七十一番職人歌合』の六番には「酒作」が挙げられ、女性の酒造り・酒売りを描いている。

先酒召せかし。はやりて候。うすにごりも候。

と、酒を入れた大きな桶を二つ並べて酒を売っている。その酒は濁り酒であるらしい。その側に見事な酒瓶子も二口置かれている。この時代にはまだ酒造りは家庭を取り仕切る主婦、すなわち刀自の仕事であった。

中世末から近世初頭にかけて清酒醸造の技術が開発され、酒造仕込期間の十一月頃から翌年の二月頃までの約百日間、寒冷地農村から大挙出稼ぎにやってくる酒造労務者「杜氏」が誕生する。そうしたなかで女性が酒造りから排除され、酒造りはもっぱら男性の仕事であるかのように考えられてきた。しかし、実態は必ずしもそうではなく、男性杜氏の時代になっても、女性は酒造りに大きく関わっていた。

丹後切戸の文珠として名高い天橋立智恩寺に、寛文九年（一六六九）三月奉納の「酒造図絵馬」がある。造り酒屋で展開する米搗きからはじまって一連の酒造りの工程から、店頭での酒の計り売りまでを克明に描いていて、江戸時代初期の酒造業の有様を知ることができる。そのなかでとくに注目されるのは、米洗いと麹作りの工程で、女性の立ち働く姿が描かれていることである。当時女人禁制と考えられていた酒造りにも、女性が大きく関わっていたことを物語っている。

神饌を捧げる乙女

「御膳持ち」・「一夜官女」の神事

カミをまつることは、遠い祖先以来の伝統である。ときにまつり、そしてはたらく。この生活のリズム、サイクルのなかに、人びとの生きる喜びと楽しみ、また悲しみと苦しみが組みこまれていたのであった。そのまつりの時期は、早春の予祝儀礼、春の豊作祈願、秋の収穫感謝の儀礼をはじめ、夏の除疫祭まで、ほぼ定期的にきまっていた。

人びとはみなそれぞれの集団でまつりの場を設け、そこにカミの降臨をねがい、神と人とが一体となって饗宴する、その相嘗を通じて、さらに神と人との親密が加わり、神は人を守り、人は神を敬い、祈願し、また報謝する。この一体感を強め、確認することがまつりの本義であった。すなわち、神饌を献供して神を饗し慰め、そのあと神人共食するのがまつりの本旨であり、もっとも貴重な作法であった。

今日、直会《なおらい》といえば神祭りの付帯行事であるかのように思われるふしもあるが、本来は祭儀の中枢にあった行事で、酒盛りもまた重要な神事の一環であった。ナオライという語も、もとはナムリアヒで、神と人とが共食することを意味したものであった。したがって、人が採取あるいは作りうる最高のものを、最上に飾りつけて供えようとすることは当然であった。だが、この作り用いる最高のものというのは、いわゆる山海の珍味ではなかった。古い時代の人びとがもっとも食生活に恩恵を与えられた食料であり、飾りつけもたんに美しく見せるということではなかった。それを食した時代にもっとも好まれた調製・調理の方法であり、盛りつけであった。

ところで、古い時代の神饌の品目はきわめて多彩であった。普通は稲・米・餅・酒・野菜・海菜・魚介・鳥獣・果実・塩水などである。稲には和稲《にぎしね》と荒稲、米には粢《しとぎ》・糈米《くましね》・粿米《かしよね》・散米、餅は鏡餅、酒には白酒《しろき》・黒酒《くろき》、野菜には甘菜・辛菜、海菜には奥津藻菜《おきつもな》・辺津藻菜《へつもな》、魚介は鰭広物《はたのひろもの》・鰭狭物《はたのさもの》、鳥獣には毛和物《けのにぎもの》・毛麁物《けのあらもの》などがある。これらの神饌を供えるとき、上段の正中《しょうちゅう》に据えられるのが神酒である。

こうした神饌を神に捧げるのが、ほかならぬ乙女であった。大津市中山の町の中央に鎮座する樹下《じゅげ》神社では、鴨多多須玉依姫命《かもたたすたまよりひめのみこと》を祭神とし、五月十五日（近年は五月十五日前後の日曜日）の例祭には、町に住む未婚の女性一人が、神前に御膳を捧げる神事がおこなわれるところから、「御膳持ち」の祭りと呼ばれている。町の全戸が廻り持ちで頭屋をつとめ、そのうちから御膳持ちをする娘が一人選ばれる。

選ばれた娘は、祭りの二、三日前から斎戒沐浴して神事にそなえ、祭日当夜を迎えると、娘は華やかな振袖衣裳に着飾って、代々この神社の宮守をつとめる家筋の「右京の家」から神社まで御膳を運ぶのである。御膳は縦約一一〇センチ、横約七〇センチ、脚付で高さ約一五センチの木製の「フネ(槽)」に、中央に三方にのせた錫の瓶子一対を据え、その前と両脇に赤飯一組、トウフ、ワカメ、カマスなど野・山・海の食物を大小の土器に盛ってのせるのである。

この御膳を頭上にいただき、夕闇の中を静静と社殿に赴く御膳持ちの姿は、ほのかな提灯の明りにひときわ映え、まさに一夜を神に仕える「一夜官女」の神秘の雰囲気をただよわす。そして神前に御膳を捧げ、宮司が神前に向って右、御膳持ちが向って左に坐り、宮守の給仕で宮司と御膳持ちが「三々九度の盃」の儀をおこなう。宮司が神のかわりとなり、神と御膳持ちが婚礼の儀をとりおこなうのである。つづいて宮守・巫女の舞があり、境内に座を占めた頭屋・宮座の一同が盃事をする。

大阪市西淀川区野里の住吉神社には「一夜官女神事」がある。七人の選ばれた官女役の女子が祭日の二月二十日に神饌を神前に捧げる。一夜官女は「一時上臈《いっときじょうろう》」といって一日だけ神に仕えるのである。かつては厳重な宮座があり、一夜官女を出す家は「女郎家」と称する七軒が定まっていた。一夜官女は七、八歳から十三歳までの女子で、いまは神籤によって選ばれる。『摂津名所図会大成』には「正月六日より神役当屋の主人、上臈の女子別火して穢不浄を除き」とあるように、厳重に別火精進して身を清めたという。

祭りの前日当屋に氏子総代らが集まり、神主の修祓を受けたのち、神酒・御供飯・御鏡餅・串柿・

大根・豆腐の味噌炊き・小豆の煮もの・真菜のあえもの・鮒・鯉・鯰を神饌として調製する。野里の地が淀川下流デルタ地帯に位置しているため、海魚はいっさい用いず、川魚である鮒・鯉・鯰を用いているのは、神饌の意味を考えるうえにも注目されるところである。

これらの神饌は七つの「夏越桶《なごしおけ》」と称する、深さ二四センチ、長径六〇センチ、短径四〇センチの楕円形の曲物桶に納められる。一の膳は精進の膳、二・四・六の膳は鮒を納めた膳で、三・五・七の膳は鯰を納めた膳と三通りに配膳される。そのさいに丸葉柳を八角に削った五〇センチほどの箸と、丸葉柳を四角に削った四五センチほどの楊枝一本ずつを膳に入れ、また「散里《ちり》の餅」と称される丸い小餅を十数個差し入れる。

祭りの当日午後、当屋に官女を迎える行事がある。七種の神饌を前に神官が坐り、その反対側に七人の官女、その後に官女の父親たちが侍役として坐る。さらにその後に母親が坐り、出立の儀式がおこなわれる。これは官女と両親との別れの盃事が中心となる。その後、神社に向けて出立するのであるが、一夜官女たちは頭に冠をかむり、桃色の千早に緋袴、白足袋に草履ばきの姿で、手に榊の枝を持つ。こうした一の官女と青の法被を着た二人の御膳持ち人足につづき、二の官女と御膳持ちから七の官女、御膳持ちと歩を進める。そして本殿の大床に七台の御膳が供えられ、その前にそれぞれ一夜官女が着座して神事がおこなわれるのである。

京都市左京区北白川の地は、清楚な白川女の風物誌で知られる。この北白川一帯の産土神《うぶすな》とされるのが仕伏《しぶせ》町の天満宮である。この神社の祭りは十月七日に神幸祭、同十日が還幸祭としておこなわれる。昔は一の鉾組、二の鉾組、三の鉾組の三つの座があり、三軒の頭屋によって神饌を調製していたが、近年三座が合併した。しかし口伝による方法で、神幸祭前日の十月六日の夜から七日の朝にかけて深夜に神饌が調製される。

神饌は盛相《もつそう》（御飯）・御酒桶・高盛り（小芋・鯣膾《するめなます》・大根膾）・シイラ・洗米であるが、盛相を一つの槽《ふね》に入れ、高盛り三台を三方にのせ、御酒桶とシイラとを一緒に一つの槽に入れ、洗米を一つの槽に入れ、三台の御膳とする。それを七日午前八時に神前に捧げるのであるが、紋付小袖に赤前垂姿で、御膳の槽を頭上にいただいて社頭に歩む女性の姿は、北白川の情緒を存分に漂わす。「盛相」は十一、二歳の少女、「高盛り」は未婚の女性、「洗米」は既婚の婦人で、いまは「茶菓子」が加わって四人の「御膳持ち」が、神前に神饌を捧げる。

滋賀県滋賀郡志賀町和邇《わに》の祭りは、北浜・中浜・高城・南浜・和邇中・今宿の六集落の氏神五社の祭りであるが、南浜が神饌調進の役をもっており、毎年三軒ずつ順番に神主役をつとめ、そのうち一軒が頭屋となり、そこで当年の神主、前年の神主、翌年の神主の都合九人が寄って神饌を調製する。直径二五センチほどの桶の上に饅頭型に盛りつけた神饌を五社分作る。五月八日の祭り当日、それを稚児と称する五人の少女が神前に捧げるのであるが、稚児に付添う母親が頭上に神饌桶をいただいて歩むのである。

このほか熊本県阿蘇郡一の宮の阿蘇神社の御田植祭りにも、ウナリと称する十四人の女性が神饌を頭上にいただいて神幸に加わるし、鹿児島県川辺郡坊津町の秋祭りにも、十二歳の少女一二人が賽銭箱を頭上にいただいて神幸に加わる。また、大阪府吹田市岸部のドンジ祭り、高槻市安満の着祭りにも少女、島本町天代では頭屋の嫁が神饌を捧げるなど、各地に女性が神饌を捧げる習俗がみられる。

頭に物をのせる習俗は古くからあり、壺を頭にいただく女人像の埴輪があり、『源氏物語』『古今著聞集』『山家集』『沙石集』などでも、頭に物を「イタダク」と称している。また、『扇面古写経』『粉河寺縁起絵巻』『年中行事絵巻』『北野天神縁起絵巻』『鳥獣戯画』『一遍聖絵』『春日権現験記絵巻』『絵師草紙』『福富草紙』などの絵巻物にイタダキの情景が描かれており、頭上運搬が日本古来の運搬法であり、それが神饌献供に伝承されていることを知ることができる。

年神祭の神饌調進

神饌を捧げることでいえば、神社の祭祀行事だけではない。各家における年中行事の折々の食料調進もそうである。ことに重要なのは大晦日の御節《おせち》料理である。それは正月に来臨する年神に捧げる神饌であり、その調理・調製・献供もほかならぬ女性の役割であった。

大晦日は十二月の晦日で、一年の最終日である。そのため、昔から、一年間の穢《けがれ》を除き去るための「大祓《おおはらい》」の儀が宮廷や神社でおこなわれた。各家では年神祭《としがみまつり》（穀霊と祖先神の祭）の準備が万端整えられ、日没とともに年棚に鏡餅を供え、灯明があげられるのである。

大晦日の夜と正月の元朝とは、いまでは明確な一線で画されているが、もとは一連のものとされていた。今日、一日の始まりを夜中の十二時を過ぎたときとする考えがあり、午前零時を期して「あけましておめでとう」と挨拶し、初詣でに赴く。また朝の日の出あるいは目覚めをもって、一日の始まりとするのを実感として受けとめている。こうした一日の分け方は、すでに江戸時代からあって、前者を「天の昼夜」と呼び、後者を「人の昼夜」と呼んでいた。

ところが、もう一つ一日の区分を立てる方法があって、それがむしろ古来からの方法であった。それは、日没から一日が始まって、次の日没時までを同日とするものである。こうした古風にしたがうならば、十二月の晦日つまり大晦日の夜というのは、新年の第一夜であり、大晦日の日没から新年が始まるのである。事実、今日でもところによっては、大晦日の夜を「年の夜」とか「大年の夜」と呼ぶ風習が伝わっている。正月の年神祭の準備は日没までにすべて終え、祭そのものは大晦日の夜から元旦の朝にかけておこなわれるものであった。

大晦日の日没とともに年神を祭壇に迎え、灯明につける新鮮な火を迎える「若火迎え」、雑煮をはじめ直会《なおらい》（年神祭のあとの宴）の食料の煮炊きに用いる清浄な水を迎える「若水迎え」がおこなわれた。若水を使って調理・調製された料理が「お節料理」であり「雑煮」である。このお節料理こそが新年第一の正餐である。

年神祭のもっとも重要な作法は、人間の生活でもっとも根幹になる食物を捧げることである。日常食べるあらゆるものをていねいに調理し、きれいに盛りつけて、年神に「このようなものを食べさせてもらって一年を送らせていただきました」と捧げ、その御下りをいただいて食べる。ここで神人共食の儀になる。そして、夜明けが近づくにつれて、年神祭が終わるのである。

なお、お節料理は重箱や重鉢に盛りつけられるのがふつうである。重箱は食物を入れる木製の四角な容器で、いわゆる箱物（指物）である。二重・三重・五重に重ねられるようにしてあり、漆塗りが多く、蒔絵《まきえ》をほどこした精巧なものもある。近年は家紋入りであるとか上物の重箱を用いる風がひろまってきている。重鉢は伊万里焼の焼物が多く、円形で三重・五重に重ねて食物をいれる容器である。

神衣を織る織女

衣服を神に捧げる風習

神を崇め祭るとき、食とともに人間の生活の根幹である衣を捧げ、神の守護によってこのような衣服を纏い、豊かな暮らしを営んでいますと、衣服を神に捧げる風習がある。それが「神御衣祭《かんみそさい》」である。その代表的な祭儀が伊勢皇太神宮の神御衣祭である。更衣の時節にあたる十月十四日の荒祭宮《あらまつりのみや》は、和妙《にぎたえ》・荒妙の御衣を奉納する大祭で、鎮座以来の由緒をもち、「神祇令」では孟夏・季秋に営まれたという。『大神宮式』でも神服織《かんはとり》・神麻績《かんおみ》の両神部が織女を率い、御衣を捧げる次第や品目・数量まで規定されている。

中古以来この神事の中絶、一部復興などの状況があったが、明治三十三年（一九〇〇）『延喜式』の式文どおりに白生絹《しらすずし》・白麻布《しらあさぬの》に玉緒や糸・針を添え、御衣の品目・数量ともに旧に復した。そして今日、十月一日に奉織始祭が行われ、神服織機殿で和妙、神麻績機殿で荒妙を、松坂市の女性の奉仕で織られ、十三日に奉織鎮謝祭《ほうしょくちんしゃさい》が行われ、内宮殿内に奉納されるのである。

なお、伊勢神宮の御神宝の中に、奉納された金銅製高機の雛形が多く伝えられている。これには金銅製紡錘車の雛形や、紡いだ糸を容れる笥《おけ》の雛形がセットになったものもある。これらは二十年毎の正遷宮のさいに奉納されたという。こうしたことからも、遷宮をはじめ重要な祭儀のさいは、布を織り衣服を仕立てて神に捧げたことを、うかがい知ることができる。

名古屋の熱田神宮では、五月十三日の祭を御衣祭《おんぞ》といい、絹糸・絹布を捧持した神職の行列があり、神御衣を神前に奉納する。滋賀県野洲《やす》郡野洲町の御上《みかみ》神社は、鍛冶の祖神・忌火の神たる天之御影《あめのみかげの》命《みこと》を祭神とする式内社で、相撲神事でよく知られるが、十一月十五日に祭神に神衣を捧げる神御衣祭が行われる。神衣は八尺の絹を栗の木の皮と五倍子《ごばいし》（フシ・ヌルデ）で染め、両袖・襟と裔《もすそ》・胴を神主と市《いち》（巫女）とで截ち、市が縫う。これを栗の若枝に懸けて奉り、榊の舞を奏するのである。摂社・末社には美濃紙を神衣形に裁ち、榊に懸けて奉るという。

山口県山口市の仁壁神社では、十月二十七日・二十八日に機織神事が行われる。この神事のために神饌を調製する内侍・命婦と織姫が選ばれ、織姫は機織殿に入り、衣桁に機衣を掛けて神前に神衣を奉納したのである。

宮崎県児湯《こゆ》郡西米良《にしめら》の米良神社では、十二月中旬に行われる神楽祭の冒頭に、磐長《いわなが》姫を祀る禁足地の山に登り、祠の神像に和紙と真綿でつくった新しい神御衣を古いものと替える。これを神御衣替と称している。

このほか所によっては、祭礼に子供の着物を竹竿の先に吊るして、行列を組んで神社に練り込むところもあり、神衣を奉献して祭儀を行う神社は随所に見られるが、御上神社に今も見られるように、市（巫女）という女性によって縫製され、奉献されるのが本来の姿であり、ここにまた女性の聖なる特性と霊力を認めることができる。

棚機と七夕の祭り

衣服や布帛を捧げることでは、陰暦七月七日の七夕も本来はそうした祭事であった。

この日は鷲座の主星である牽牛星と琴座の織女星が、年に一度、銀河すなわち天の川をはさんで会うという実にロマンチックな話がその主題になっている。これは、中国後漢（三〇～二二〇）のころから語られたといわれる星合せの伝説が渡来したものであるが、中国では、古くから牽牛星を農時を知る基準にしたらしく、天の川を隔ててこれに対する明るい星、すなわち織女星が養蚕や糸・針の仕事を司る星と考えられていたのである。

中国渡来の伝説が今日、七夕の主題になっているのは、信仰としての「棚機《たなばた》」の行事が日本にも古くから存在していたからである。日本の棚機女《たなばため》（はたを織る女性）についての信仰では、水の神に捧げるための神聖な織物を、穢れを知らない処女が俗界から身を隔離して、清浄な棚造りの籠り屋に忌みこもって織るものとされた。この棚は、俗界と離れて清浄にこもるため、地面に密着させないで、高い柱で支えた構造の懸造《かけづく》りである。神棚や新霊《あらたま》をまつる盆棚（七月の魂祭につくる棚）と、目的とするところは同じであった。

そしてこの乙女を神女として、これに神をまつらしめ、神慮《しんりょ》を慰めることから、さらに送り神に託して穢れを持ち去ってもらい、また禊《みそぎ》をおこなって災厄と悪霊を祓うというように発展した。この神と乙女の行き交いが、牽牛・織女の二星の伝説に結びついて定着し、今日に伝わったのである。

ところで、宮廷では織女星にちなんで、裁縫をはじめ書道などの技芸の上達を祈る女の祭、すなわち「乞巧奠《きっこうでん》」が行われた。それは孝謙天皇の天平勝宝七年（七五五）七月七日に初めて営まれたと『公事根源』は記している。平安時代には山海の産物と楸《ひさぎ》の葉に七本の針をさし、五色の糸を通した供物・庭の立琴・星の薫物をしつらえた中で、天皇の星合御覧・詩歌管弦の宴があった。室町時代になると、梶の木に和歌を結んで供え、瓶花を並べて競う花合せや連歌会なども行われた。さらには歌・鞠・碁・花・貝覆《かいおおい》・楊弓・香の「七道」とともに、棚機女の説話にもとづく行事が織部司によって行われた。それは織女祭ともいうべきもので、供物と五色の薄絹を供え祝詞を奏上するものであった。

こうした乞巧奠の行事を今日によく伝えているのが冷泉家《れいぜいけ》である。冷泉家は御堂関白藤原道長を祖とし、七代為家の子為相が冷泉家を興し、今日二十五代におよんでいる。冷泉家ではまず地上から二星に和歌を手向けるため、芋の葉に浮く露を集めて硯の海に注ぎ、墨を磨り、紙の代わりに庭の梶の葉を一枚とり、それに和歌を書くのがこの夕べの決まりとされている。

そして、南庭に「星の座」と称し、牽牛星・織女星への手向けの場が設けられる。四台の台盤を組み並べ、その上に二星に手向ける二組の海山の幸が大きな土器に盛って並べられるとともに、雅楽の楽器も飾られる。この台盤の周りには九基の火皿を載せた灯台が立てられる。また台盤の前には三脚の小机が並べられ、五色の布・五色の糸・秋の七草、そして水を容れて梶の葉を一枚浮かべた角盥が置かれる。この水に星を映して見るのである。こうした台盤の横には衣桁が出され、それに五色の布と五色の糸を懸け、その間に梶の葉が吊される。こうした祭壇のしつらえと司祭は、奥方の重要な役割であった。

ここで、五色の布、五色の糸の「五色」は、中国の五行説によるもので、青・赤・黄・白・黒のことである。それぞれ木・火・土・金・水をあらわし、また、仁・義・礼・智・信をあらわしている。のちにこれらの五色を統べる色として紫がおかれ、最上位の色とされたが、それにかわって黒が消滅することになった。はじめは、この五色の糸が織女星に手向けられたのだが、それが五色の絹布にかわり、加えて詩歌・管弦・書画のほか、あらゆる芸事の上達を祈り、この風習が庶民のあいだに広まると、こんどは五色の絹布のかわりに五色の短冊をあげるようになったのである。

星の座とともに、上の間・中の間をはじめ座敷の建具をはずして大広間として乞巧奠の座とされ、夕刻から雅楽の演奏が始まり、笙や琴の音の中、星の座の灯台に点灯される。そして乞巧奠の座では狩衣の男性、桂袴の女性らの和歌の披講が行われるのである。この披講はまた優雅で、七夕の夜の独特の雰囲気を漂わす。そうした中で織姫に絹布・絹糸を女性が捧げて、星の神を祭るのである。

文芸を創作する女

「巫女文学」と「女房文学」

日本の文学というものの初源をたどれば、それは神授の呪言に発し、その言語伝承が伝誦される途上において昇華されて文学になる。それはほかならぬ「巫女文学」であった。そして文学を発生論というかたちでとらえると、次が「女房文学」ともいうべきものであるというのが折口信夫説である。

日本文学の始源として巫女文学というものを考えようとするとき、『古事記』の編さんに大きく関与した稗田阿礼《ひえだのあれ》に注目せねばならない。阿礼については序文に舎人《とねり》とされているところから、そう詮索することなく、阿礼は男性であるとされてきたが、江戸時代から阿礼の女性説が台頭してきている。まず「アレ」という語は神の誕生を意味する古語だという。『古事記』にはその語りから巫女の霊能によると思わせるところが多いことからしても、アレは巫女の名と考えてもよさそうである。また、平安時代の書ではあるが、『弘仁私記』の序では、阿礼は天照大神の籠った天岩屋戸の開扉に呪力を発揮した巫女天鈿女命《あめのうずめのみこと》の後裔とされている。天鈿女命の後裔がまた宮廷神事に携わった有力巫女であった猿女《さるめ》氏であった。

阿礼はこの猿女巫女の一統としての巫女であったことから、『古事記』編さんに関与することになったのであろう。したがって、その内容は文字成立以前の神話とも称す伝承の口誦で、それを文字化したものであったといえる。そうしたことから『古事記』は歴史書とされる半面、文学書とも考えることができる。すると『古事記』は文学の始源としての巫女文学ともいえるのである。なお、稗田阿礼の稗田姓は、大和の添上郡（現大和郡山市）の地名で、阿礼の居住したとされるところの地名にもとづくものである。

こうした視点で『古事記』を考えると、歴史書であるとしても巫女文学の一斑と考えられぬこともない。この巫女文学の次に出現するのが折口のいう「女房文学」すなわち平安時代の女流文学である。それは日記・物語・和歌という形式で、仮名をもって自由に表現するというものであった。それは皮肉なことに男性の紀貫之が承平五年（九三五）に完成した『土佐日記』に誘発されたのであったが、それを展開して本格的文学へ昇華させたのは、ほかならぬ個性豊かな才女たちであった。

こうした女流文学といえばロマンに満ちた文学で、その時代は実に優雅であったかのように思われる。しかし、彼女らの文学は女性特有の鋭い感覚から、時代の特性をよく把握していた。平安時代の中期といえばまさに末法思想の広まった時代で、庶民の生活からいえば末期的症状を呈する一面もあった。そうしたとき、人々は超自然的な力、人知の及ばない力をもつものとして、妖怪を求めたのである。そうした世情を文学の世界に反映させたのが、ほかならぬ平安時代の女性作家たちであった。

「女房文学」の中の妖怪譚

人知では計り知れない摩訶不思議の世界を醸成する妖怪譚は、すでに『古事記』や『日本書紀』あるいは『風土記』などに数多く語られていた。その妖怪のもっとも代表的な存在が鬼と天狗で、神秘的な超能力をもつものとして、人々のあいだに意識され、そして語り継がれた。平安時代になると鬼や天狗はもとより、より多くの妖怪が人口に膾炙されるようになり、平安時代中期、『枕草子』、『源氏物語』、『更級日記』などの多くの女房文学にさまざまな妖怪が登場することになる。『日本霊異記』や『今昔物語集』などの説話文学に登場する数々の妖怪に、その姿を具体的に見ることができる。また、今日知られる代表的な『百鬼夜行絵巻』は、大徳寺真珠庵蔵の室町時代のものであるが、その原形は平安時代の末期に求められるのである。

『枕草子』では七四段に、

職の御曹司におはしますころ、木立などの、遙に物ふり、屋のさまもたかう、けどをけれど、すゞろにおかしうおぼゆ。母屋は鬼ありとて、南へ隔ていだして、南の廂に御几帳をたてて、又廂に女房はさぶらふ。

と、鬼の存在を信じていた話があり、ほかにも幾例か鬼を恐ろしく執念深い「物の怪《け》」として強く意

識したことが語られている。そして一本二三段では「いと執念《しふね》き御物の怪」とし、その調伏は容易でないが、

物の怪にいたうなやめば、移すべき人とて、おほきやかなる童の、生絹の単衣、あざやかなる袴長きなして、ゐざりいでて、横ざまにたてたる丁のつらにゐたれば、様ざまにひねり向きて、いとあざやかなる独鈷をとらせて、うち拝みてよむ陀羅尼もたうとし、見証《みそ》の女房あまた添ひゐて、つとまもらへたり。ひさしうもあらで震ひいでぬれば、もとの心うせて、おこなふまゝに従ひ給へる仏の御心も、いとたうとしとみゆ。

と、病に罹ることは物の怪に憑かれることなので、物の怪を調伏するにはまず物の怪を移す憑人すなわち「移すべき人」あるいは「見証の女房」たる女性を選び、加持祈禱という密教的呪術方法をとったことを語っている。物の怪の調伏には『紫式部日記』でも、

御もののけどもかりうつし、かぎりなくさはぎのゝしる。月ごろ、そこらさぶらひつる殿のうちの僧をばさらにもいはず、山〳〵寺〳〵をたづねて、験者といふかぎりは残るなくまいりつどひ、三世の仏もいかに翔《かけ》り給らんと思ひやらる。陰陽師とて世にあるかぎり召しあつめて、八百万の神も見ふりたてぬはあらじと見え聞こゆ、御誦経の使立ちさはぎ暮らし、その夜も明けぬ。

と、加持祈禱のほかはあまり効果ある方法はなかったことを語っている。

このほか『更級日記』などの日記文学の中に物の怪の見聞談が数々語られているが、『源氏物語』には鬼だけでなくさまざまな物の怪が描かれており、当時の人々が幻想した妖怪像をうかがうことが

できる。そこで語られる数々の話は、やはり一つの物語として語られているところに、日記に見られる話よりも読者に訴える力がある。いまその一話として「手習」の中の例を挙げると、横川《よかわ》の僧都が大和の長谷寺から宇治に赴くさい、大木の根本に寄り添い失神しているかのような若い女が目にとまった。その姿態からして怪しげなので、「狐の人に変化するとはむかしより聞けど、まだ見ぬもの也」と改めて見るが、どうしても解せず、「鬼か、神か、狐か、木霊か、かばかりの天の下の験者のおはしますに、え隠れたてまつらじ。名のり給へ〳〵」と強要する過程が、人間の心情の動きとともにリアルに描かれていて、読む者をして楽しませてくれる。なお、『伊勢物語』や『竹取物語』にも味のある物の怪譚が語られており、『更級日記』では大納言の姫君が猫に化身した話も語られている。

まさに平安時代の文学は、女性ならでは成し得なかった、日本文学史上冠たる地位を打ち立てたものであった。

芸能を担う女

神楽を舞う巫女――芸能の原初形態

記紀神話に、天照大神が天の岩戸に籠ったとき、大神を出現させるために天宇受売命《あめのうずめのみこと》(天鈿女命)が、岩戸の前で柳などの植物を身にまとい、衣裳を乱して胸や陰部を露出させ、伏せた桶の底を踏んで音を轟かせ、神憑りして乱舞したため、神々の歓声を呼び、その賑賑しさに引かれて大神も岩戸を開いたと記している。『古語拾遺』はこのときの天鈿女の踊りは、猿女君の巫女がおこなった鎮魂の祭儀の起源であろうとしている。こうしたことから天鈿女は俳優の起源、芸能の祖神であるとともに、未知の神との交渉役すなわち巫女として大きな役割を担ったと評価されているのである。まさにわが国における芸能の始源は、女性ことに巫女によるものであったことが明らかである。もちろん本格的な芸能の形成はしばらく時を待たねばならなかったが。

芸能の原初的形態としてはまず神楽がある。その原形は巫女《みこ》の湯立《ゆたて》に求められる。ごく古い時代には、祭りの度ごとに人は神の託宣を聞き、神意を奉じて幸ある暮らしをしようとしたのであったが、しだいにその仕来りもくずれ、神社の巫女も託宣や占卜とは離れ、神楽巫女というようにもっぱら湯立や神楽をおこなうだけのものになっているむきもあるが、一部にはまだ湯立とともに占卜や口寄せをする巫女もみられる。

湯立は湯神楽ともいわれ、立ちのぼる湯気によって神秘な雰囲気をただよわせるもので、もとは託宣のための前儀であった。一般には巫女が湯の煮えたぎった湯立釜の前で、笹を持って湯を振りかけ、舞うのである。湯気が四囲に散流する夢幻の世界で、巫女が笹を振り廻ることによって異常の精神状況となり、そうしたなかで口走ることが神意すなわち神の言葉とされたのであった。そのさい巫女が笹を振りかざして舞う動作がまさに芸能の根元であった。

それが神楽と称されるもので、「かぐら」という呼称は「神座《かみくら》」の音韻化とされ、神楽の字の用例は『万葉集』に「神楽波《ささなみ》の志賀」などとよくあり、「ささ」と読むこともあった。これは採物《とりもの》の笹の葉ずれの音という本居宣長の説もある。その笹はまさに鎮魂の呪具であるとともに、神霊を喚起する呪具でもあった。したがって、神楽は本質的に招魂・鎮魂の作法であり、それがしだいに歌舞を演ずる楽《あそび》の形式をとるようになり、さまざまな神楽が生まれたのであった。そして今日、宮廷に伝わる「御神楽」と、民間に伝わる「里神楽」があるが、里神楽には巫女の舞による神懸りののち託宣におよぶ「巫女神楽」、湯立により生じる神聖な湯花に触れて祝福しようとする「湯立神楽」、巫女が神霊の依代とする笹・榊・錫・扇などの採物を手に舞う「採物神楽」、獅子頭を神の姿すなわち権現とあがめ、潔め鎮めの獅子舞を舞わせる「獅子神楽」などがある。だが、いずれにしても巫女の湯立から生まれた神事芸能であった。

巫女の託宣と予言

こうした巫女が舞う神楽は、歌詞そのものが神威・神意として受け止められ、託宣としての意味をもったのであった。延慶二年（一三〇九）成立の『春日権現験記絵』にも、そうした事例がみられる。その一例を挙げると、巻四の第四段の詞書に、

三条内大臣重病を受けられたりけるに、松林院の教縁僧正・公円法橋を春日社へ参らせて祈り申されけり。各々御社に籠りて日来経《ひごろ》にけり、暁、京へ上らむとしけるに、若宮の拝殿にて巫女一人舞ひけるが、庭に出でて多くの人の中にこの両人に告げて云く、「彼の祈り申す事は助くべけれども、身氏人として大位に昇りながら、敢へて我を崇めず。尤も遺恨也。しかあれば、この度、命を召し終はりぬ」といふ。両人怪しみながら、その暁上洛するに、京の使者道に会ひて、「既に事切れ給ひぬ」と申しけり。

とあり、さらに第五段にも、

後徳大寺の左大臣、その上、大納言を辞退して籠りおはする事、十二、三年に及びけり。御子公守と聞こえし人、祭りの使ひにて春日に参りけるに、父卿忍びて車に乗り具して参り給ひける。

人にも知られ給はで、侍共の中におはしけるを、若宮の御前に巫女共候ひて神楽の程なりけるに、御神託宣し給ひて、「この度参りたる事、返す〳〵本意なり、必ずこの験あらせん」との給ふに、「これは誰人の事ぞ」と申しければ、大納言隠れておはするを指して、「その人の事也」と御せられけり。さて還向の後、程なく大納言に成り還りて、その年の中に大将になり給ひにけり。

とあり、神楽を舞う巫女が託宣し、その託宣が見事言い当てることを述べている。こうした例は随所に見られるのである。

また、託宣を受けるために神楽の奉納を願うことも多かった。そうしたことをよく物語るものとして、室町時代末期に来日したポルトガル人宣教師ルイス・フロイスが、天正十一年（一五八三）起稿、同十四年（一五八六）第一部完成の『日本史』に、

女僧の役目は、予言者であり、大した魔法師であることです。というのは、誰かが健康、富、安産、勝利、あるいは紛失物を再び取得することを願うとき、この神子のところへ行って、自分のために神楽をあげてもらうのです。数人の社人が太鼓やその他の楽器を持って現われ、そのうちの一人が細長く切った紙片を結びつけた一本の棒を手に持って、神像の前で舞うのです。彼女は地獄の叫喚と絶え間ない咆哮のように思われるほどの激烈さをもって、また、音楽の伴奏につれてそれほど熱情的に、急速に舞いまくって、ついに失神したように地上に倒れてしまうのです。それから、彼女が起き上がると、頼みに来たことに対して答えます。

と、興味ある事例を述べており、中世末の託宣の状況をうかがい知ることができる。もちろん近世初

頭以降においてはこうした状況を見ることはできない世情であった。

ところで、巫女《みこ》は神事的要素をもつ神楽だけでなく、白拍子や乱拍子も舞ったのである。白拍子は平安時代末期から鎌倉時代にかけておこなわれた歌舞で、直垂《ひたたれ》・烏帽子《えぼし》に白鞘巻の刀を差すなどの男装で、主として鼓の伴奏で歌いながら舞う芸能である。なかには歩き巫女が零落して遊女となった女性が演じて渡り歩いて評判を呼んだこともあって、白拍子といえは遊女の芸能、さらには遊女そのものを指していう風もあった。だが本来は神楽の一要素として風流《ふりゅう》的性格をもつ歌舞として神前で舞われたものであった。したがってその歌の中には神仏の霊力と加護を詠んだものも少なくなかった。乱拍子は小鼓だけで奏し、ときに笛の音をあしらう特殊な舞で、能の舞事の一つとされているが、白拍子と同じく神前で舞われた。なお、中世においては巫女による神事としての神楽と、それに風流化した白拍子や乱拍子を演じ、それに中世に勃興してきた様々な芸能が各芸能者によって演じられた。そうした芸能環境の核となり主導したのがほかならぬ巫女でもあった。

神事から芸能へ――歌舞伎の発生

神楽などの神事芸能で舞人が手にして舞う物を「採物《とりもの》」という。採物には本来、神の依代《よりしろ》としてそれを手にして舞うことによって、神力が発動すると考えられ、採物に降臨した神を舞人自身に憑《とりつ》かせ、神憑《かみがみ》りに至るための手段とされる。神楽には九種の採物がある。それは榊・幣《みてぐら》・杖・篠《ささ》・弓・剣《つるぎ》・

鉾《ほこ》・杓《ひさご》・葛《かずら》である。降臨神事のさいのはじめの部分では、それぞれ採物の歌を歌うのが習わしであった。

時代は下るが、今日、古典芸能の一つとされ、親しみをもって広く迎えられている歌舞伎は、江戸時代に育成された独特の様式美をもつ演劇であるが、その始祖は「阿国《おくに》」という女性とされている。この阿国なる女性については、京都の洛北出雲路河原の時宗鉦打聖の娘であるとか、出雲国杵築の鍛冶職の娘だとする説もあるが、出雲大社の巫女であった。あるいは地方から京に上った歩き巫女であったとする、その出自を巫女とする説がもっとも有力で、また広く採用されている。この女性を「出雲阿国」と呼ばれてきた。

この出雲阿国の踊りは、「かか踊」や「ややこ踊」や「念仏踊」に発し、慶長八年（一六〇三）には「かぶき踊」といわれた。この「かぶき」の語は「傾き」を原義とし、のちに「歌舞伎」の字を当てたのである。この踊は当時の新風俗であった茶屋や風呂屋の男女の風俗を写し、男装・女装して踊るというミュージカルなものであったという。江戸時代になるとこれを真似て「遊女かぶき」、次いで「若衆かぶき」、さらに「野郎かぶき」の時代を経て「元禄かぶき」の全盛期を迎えた。そして、京・大坂の「和事《わごと》」と江戸の「荒事」という特殊性が生まれ、和事の坂田藤十郎、荒事の市川団十郎などの名優を生んだのである。

女の家・女の天下・女の座

五月五日は女の日

五月五日は「端午の節供」である。今日では男の子の節供として、武者人形が飾られ、五色の吹流しや鯉幟《こいのぼり》、ところによっては武者絵の幟が立てられ、五月の空にたなびく情景が、全国津々浦々に見られる。

この五月という月は、もともと田植月で、正月・九月とならんで、一年のうちで重要な月とされていた。田植は穀物の霊魂を増殖する行為で、ひとつの神事とされていたのであった。そのため嫁取りや婿取りなどもさけ、慎しみ深い生活をした。

そして、五月五日には、家々の軒上に菖蒲をのせ、菖蒲の鉢巻をし、菖蒲湯を沸かして入浴する習わしが昔からある。その由来については、山姥に追いかけられた男が、道端の蓬《よもぎ》と菖蒲の生えた中に隠れて助かったという昔話がもとになっているが、昔から蓬や菖蒲は悪霊を退散させ、また穢れを祓い浄める霊力をもつ植物と信じられていたのであった。それで蓬を添えた菖蒲で屋根を葺いて家を浄め、菖蒲鉢巻で身を浄め、菖蒲湯で禊《みそぎ》をし、蓬餅を食べて一日中家に籠って潔斎し、神祭りをしたのである。

そして、この日は今のように男の節供の日ではなく、女の日であった。近松門左衛門の『女殺油地獄』の下巻の書き出しに、「三界に家のない女ながら、五月五日のひと夜さを、女の家といふぞかし」と語っているし、一般にもひろく「女の家」「女の天下」といって、女が男を避けて忌籠りをしたのであった。

サツキ（五月）・サナエ（早苗）・サオトメ（早乙女）の「サ」は田の神のことであり、その神の霊力によって稔ると信じられている、稲および稲霊《いなだま》を意味する語である。したがって、五月に早苗をとって田植をする早乙女が田植の主役である。田植は神事なので、早乙女は田の神に仕える巫女でもあった。そのため田植にさきだって慎しみ深い一日を過ごしたのである。近年まで伊豆大島や高知県では、この日亭主を家から追いやって、菖蒲で男の尻を叩く祓い浄めの行事があって、「女の家」という言葉が残っていた。だから五月五日は男の節供ではなく、むしろ女の節供であった。

女の節供から男の節供へ

ところで、五月五日が男の節供になるのには一つの流れがあった。宮廷では五月五日にアヤメカズラ（菖蒲鬘）をする風があったし、ショクメイル（続命縷）という薬玉《くすだま》を身につける習わしがあった。続命縷は五色の糸でつくられた鞠のようなもので、それを腕につけておくと邪気を防げるというのであった。もともと薬玉と五色の糸は別だったが、いつのほどからか混同されてしまったのである。

この菖蒲鬘が天平時代に禁じられたので、アヤメ冑《かぶと》というものに変化し、はじめは菖蒲で冑をつくったが、のちに薄い片木《へぎ》板で冑をつくり、これを削り冑といった。また冑花といって紙の冑もつくられた。さらにこれらの冑の前立に人形をつけることがはやり、その人形が独立して武者人形となり、それを飾るようになった。これが民間に普及するのは、ショウブが「尚武」にかけられ、男の子が強くなるようにという願いがこめられてのことであった。

また、鯉幟もショウブが「勝負」にかけられて、瀧登りをする鯉のように勢いよくなるようにとの願いからである。この鯉幟の柱は卯月八日にウツギ・シャクナゲ・ツツジなど季節の花を、高い柱や竹竿の先につけて各家の庭に立て、田の神迎えをする「天道花《てんとうばな》」がもとになっているのである。だから古風な鯉幟の柱は、天辺に常緑の青葉を残して、幹は皮を剝いだ清浄な檜や杉であり、神霊降臨の依代《よりしろ》の意味をもっている。五色の吹流しは続命縷の五色糸の邪気払いがもとになっている。

いずれにしても、五月五日が男の節供となるのは、中世末期から近世初頭にかけての時期に、三月三日が女の節供とされるようになってからのちに、おそらくは近世中期の頃からであったろうと考えられている。したがって、近松門左衛門の時代には、五月五日を「女の家」とされるのは当然のことであり、なおそのことが近代の年中行事のなかに伝承され、地域的にいくぶん形を変えながらも、現実におこなわれていたことにうかがうことができる。
なお、「女の家」「女の天下」は五月五日だけではなかった。『万葉集』巻第十四に、

誰そこの屋の戸押そぶる新嘗にわが背を遣りて斎《いは》ふこの戸を

という相聞歌がある。誰ですか、この家の戸をガタガタと押すのは。新嘗の祭で、夫を外に出して潔斎しているこの戸を、というのである。すなわち、新嘗の夜は神と巫女が共に新米を喰うて祝う晩で、神事に与らぬ男や家族は屋外に出払って、神事を司る女子のみが家に籠った。「女の家」という習わしは、すでに万葉の時代にも存在していたことをうかがうことができる。

実は三月三日についても、同じことがいえるのである。もとはこの日女たちが野山に籠って、女ばかりの生活をしたのであった。このころは農耕生活のはじまる春の季節で、田植前の重要な時期とされた。そのため、田植という神事の司祭者となる早乙女たる女性が、厳重な物忌み精進をして、神を迎えて祭ったのである。野山に咲く桃の花は神霊降臨の依代としての季節の花で、そのもとで蓬餅を食べて邪気を払い身を浄め、白酒を酌み交わして神人共食したのである。これがのちに山遊び・山登りとなるのである。

いっぽう平安貴族のあいだでは、三月上巳の日（陰暦三月初の巳の日、後に三月三日）に陰陽師を招いて祓をさせ、人形《ひとがた》に穢れを移して除災の行事がおこなわれていた。そうして人形を川に流したのであった。この人形が雛人形の起こりであるが、雛祭りが民間でおこなわれるようになったのも、そう古いことでなく、江戸時代になってからのことである。しかし、雛壇に桃の花・白酒・蓬餅を供え、

その前で女性・女児たちが飯事《ままごと》遊びをする風習のあるのも、かつて野山に籠り神人共食した名残りである。なお、菱餅の色も桃の花・白酒・蓬餅の色を象徴したものである。こうしてみると、三月三日も「女の家」であったといえるのである。

雛人形・雛飾りの変遷

ついでに雛人形・雛飾りについていうと、祓いの呪術人形が古代・中世のあいだに意味を変え、また、紙人形から押絵、糸製、土製、陶製、そして胡粉塗りの飾り人形へと進化した。そうした過程で人形として嫁入りの輿にのせたり、道中の守り人形、さらに愛玩人形として贈りあったり、遊戯として人形遊びをする風習も生まれた。そして近世になると、土製の人形にきれいな衣裳を着せた装束人形や、木彫人形が発達し、それが雛人形としてますます精巧にして華麗なものとなった。そうしたなかで、婚礼の最上の姿として内裏を模し、内裏雛が生まれたのである。

この内裏雛は時期によって容姿の変わったものが流行し、寛永雛・享保雛・次郎左衛門雛・有職雛・古今雛と優れた作の人形があらわれた。そして、雛以外の人形や調度品の類もたくさん飾られるようになった。雛飾りもしだいに豪華になり、江戸時代の文化・文政時代（一八〇四〜三〇）の古今雛においてその極に達した。飾り方は上方と江戸ではその型が異なり、一般に上方では〝雛の館〟と称して御殿を組み、その中に内裏雛をおさめ、雛壇は二段ぐらいである。江戸では御殿がなく、内裏雛の後に屏風を立て、雛壇は五段、七段と高くする。官女・随臣・仕丁は東西とも飾るが、江戸では五人囃が加わる。調度はおもに世帯道具を並べるが、上方は公家、江戸は武家の嫁入り道具のミニチュアである。

宮座と「女座」

「女の家」「女の天下」といえば、民間で氏神・産土神《うぶすな》の祭祀を司る宮座において女性が主たる位置・役割を占める「女座」と称する営みがある。宮座というのは、特権的に神事・祭礼を営む神事組織で、座の中で当番を決め、その当番が責任をもって神饌を調製し、それを神に供えて座衆一同神人共食の直会をするのである。こうした宮座は平安時代末期から鎌倉時代初期にかけての荘園再編成期から、南北朝・室町時代の荘園の崩壊期、すなわち村落構成の大変動期に成立し、普及していった。宮座はこうした動きの著しかった近畿、ことに大和・近江・山城に濃厚に分布する。宮座は男性による厳格な年齢階梯制によって運営されるのが基本であるが、なかに珍らしく女性が主役を担う宮座が存在する。

その一つに奈良県桜井市白木に鎮座する高龗《たかおかみ》神社の宮座における「女座」と称する営みがある。十一月九日の宵宮座、十日本祭の座に続いて十二日に女座が営まれるのである。当日朝から頭屋が宮座の各家に呼使いをする。午後、各家から定紋入りの高張提灯をもってきて頭屋の門口に立て並べる。

揃ったところで一同揃って頭屋の神棚に参拝する。このときの祭主は太夫（宮座長老）であるが、このあと女座となるのである。太夫が正座に坐り、各戸の女性が年長順に座に着く。家に不幸事のあった女性、寡婦はこの座に連ならない。太夫は正座には坐るが接待役の主人としての立場である。

女性の前にはそれぞれ本膳が据えられ、その料理の調製から給仕一切すべて宮座の男子が行うのである。そして下座で男たちは給仕の合間に静かにお相伴《しょうばん》する。この間、太夫の謡がつづき、取の盃は朱塗の大盃で、太夫とこのとき下座に坐った頭屋夫婦、続いて女性たちへと回り、宴が終るのであるが、この席に頭屋夫婦が出てきて盃を傾けるのは、夫婦の契りであり、女座の面々に頭屋たることの承認を得る作法でもあった。

女座の宴が終ったところで、太夫が床の間に祭った御幣を捧げて先頭に立ち、続いて各戸の女性が門口に立てたそれぞれの提灯に火を点じて一列に並ぶ。そして「チョウサ、チョウサ」の掛声をかけながら本社へ渡り、御幣を神殿に納めて祭儀が終る。

この女座、頭屋の床の間に神霊の依代としての御幣を立てて祭り、その前で太夫の介添で宴をする。この座は八日・九日・十日に宮座男性によってさまざまな行事が行われるが、祭儀の重要な直会がこの女座であることが、女座の占める重要な位置を物語っている。そうしたことからも、とくに「女座」と称して位置付けていることからも、この女座の女性たちは祭儀を司祭するものと考えるべきであろう。こうした事例は子細に見ればなお各地に見られるはずである。

宮座における「女の家」

京都府相楽郡山城町平尾の延喜式内社・和伎座天乃夫岐売《わきにいますあめのふきめ》神社は、湧出宮の名で親しまれているが、そこには宮座の組織が厳然と伝えられ、その宮座によって「忌籠祭」と称する祭事が厳格に営まれている。宮座は伊勢から下向された神霊を出迎えた一族だという古川座、神霊下向のとき供をしてきたものの子孫だという尾崎座、忌籠祭全般にわたって諸役を受持ち、祭儀を取仕切る与力座、忌籠祭の警護を受持つ歩射座によって構成されている。

この祭儀は忌籠祭の名称のとおり、村全体が厳粛な物忌み生活に入ったことを意味し、祭儀は与力座が中心になって運営される。二月十一日の与力座による松苗作り、歩射座による勧進縄作りがあり、十四日に「もりまわし」が行われる。忌籠祭のための神霊迎えの行事で、与力座の二人が山中十一ヶ所の塚を回って御幣を納めるのである。この「もりまわし」の役の者が村の集落と神霊の棲む山や谷の境に達すると、与力座一老（最長老）が大声で村中に合図する。神霊は「もりまわし」とともに訪ねてくるので、村中の者はいっさい外に出てはならないのである。

祭儀の中心は十七日の神饌献供と「饗応の儀式」であるが、居並ぶ男性座衆の中に、唯一人「そのいち」と称する女性が座を占める。「そのいち」は惣の市で、本来は神憑りをして神霊の意を託宣する呪術宗教的能力をもつ巫女である。古代における巫女は、天鈿女《あめのうずめ》命、倭迹迹日百襲姫《やまととひももそひめ》命、倭姫《やまとひめ》命、神功皇后の例などにみられるように、神の司祭者としての呪術的職能がみられたのである。この「そのいち」は与力座の老女すなわち刀自が勤めたのであるが、いまは娘が勤めている。

この「そのいち」以外の女性は二月の忌籠祭、十月の秋祭のほか三月十一日の神楽座が行事に加わるのであるが、ことに神楽座というのは女の座である。この日座に属する家の女性だけが当番の家に集って、粕酒を飲んで御馳走を食べる。そのとき二股大根で男根を作って床の間に供えられ、女性たちは猥談をも含めさまざまな話題に花を咲かせる。その間男性たちはいっさい排除され、当番の家の男主人のみが紋付羽織袴で、接待に勤めるのである。まさに「女の家」である。

なお、神楽座はその名のとおり、本来は巫女が神楽を舞って託宣をしたのであろうと推察される。

諸神諸仏を祭る女

家の神仏の司祭者として

家の中における司祭も、年中行事の中でとくに家長がおこなう一部を除いて、多くは平常的に主婦のおこなう場合が多かった。仏壇と神棚の祭祀はまさにその典型である。

仏壇の成立はまず造寺造仏をおこなった古代の篤信者の個人祈願にその端緒が求められる。はじめは屋敷内に持仏堂などを設けたが、それが居住棟内に移り仏間が設定されて祭壇を設けるようになり、さらに座敷の一隅に祭壇が定置されるにいたったものである。

祖先祭祀の聖所の規模が縮小していったのは、それだけ祖先信仰の普及を物語っており、そこにはまた徳川幕府の寺檀制度が大きく影響していた。こうして、中世的な信仰様式から生まれた仏壇は、出居《でい》に祀られた神棚の下に設けられるか、出居・座敷の床脇に設けられることが多くなった。ふつうは厨子型の祀殿であるが、宗旨や家の規模によって大小精粗がある。内部には壇を設け本尊持仏、あるいは宗派の祖師の彫像をまつることが多い。

なお、神棚も仏壇と同じく中世以来のもので、祖先祭祀が仏教者の手に委ねられる過程で、本来、祖先祭祀の祭壇であった神棚が神社の神札の奉安所的性格をもつようになったのである。

すなわち、祖先祭祀の祭壇の原初的形態をもつのが盆棚なのである。今日、そのつくり方は地域によって一様ではないが、麻殻や竹などで骨組みをつくり、これに梯子をつけ、盆花を飾りつけたりすることは、各地にほぼ共通している。仏壇から位牌をとり出してこの棚にまつることも一般的である。

仏壇への日々のお参りは、各家や宗派によって幾分異なるが、一般的には花は絶やさず供え、向って左に果物などの生物《なまもの》、向って右に菓子・饅頭など火を通した物を、それぞれ高坏に載せて供える。そして毎朝、線香・蝋燭を点して拝む。また一日一回は仏飯を供えるが、そうしたさいは念仏を唱えるのが普通である。念仏は月々の命日や祥月命日には各宗派による念仏を唱えるが、普段は般若心経を唱えることが多い。なお、神棚には花を絶やさずに供え、毎朝燈明を点して拝むのである。また、神棚は家長、仏壇は主婦というように司祭分担の風もある。

屋敷内に祀られる便所神と井戸神は、主婦にとってきわめて拘り深い神である。日本人は昔から現実に生きる世界「現世」にたいして、祖先神をはじめ神々の住む聖なる世界「他界」がある。その他界を天空・山中・海上に求め、「天空他界」「山中他界」「海上他界」と意識してきた。そして、人間が死ぬとその霊は他界に赴き、人が生まれるときは新たなる霊が他界から現世にやってくるものと考えた。この他界と現世の通路が便所であり井戸で、それぞれ他界に通じているとしたのである。そのため、かつて産婆が産児を取上げていた時代には、子どもが生まれて七日目の「お七夜」「七日祝」には、「便所神参り」「井戸神参り」と称して、産婆が子どもを抱いて便所神と井戸神に参ったのである。まさにこの二神は産神でもあった。だから娘は母親から常に便所をきれいにするように教えられ、主婦になるとそれは一つの役割でもあった。便所に花を挿すのも、たんなる飾りではなく、便所神に花を手向ける作法であった。

なお、子どもが便所や井戸に落ちて幸いに助けられた時は、名前を換えなければならなかった。それは一度他界に赴いて、再び現世に戻ってきたので、新しい霊になったということで、新しい名前を付けたのである。すなわち名前は肉体に付けた記号ではなく、霊魂に付けられたものであることを物語っている。

地蔵講と淡島信仰

井戸は屋敷内だけでなく、共同井戸として村や町の中心部あるいは入口に掘られているところも多い。また、そこには地蔵の祀られるところが多い。それは井戸が他界との通路なので子どもがよく落ちて命を落とすことが多く、そこでそうした子どもの命を救うために地蔵が祀られ、それがまた女性の信仰を集めたのであった。地蔵は梵名をクシティガルバハというが、クシティは大地・地霊を意味し、ガルバハは童児・胎児・神児を意味するというが、現実界と冥界の境に立って冥界に行くものを救ってくれる性格をもつと信じられたのであった。そのため子安地蔵と称される地蔵が広く信仰され、そこから子どもを持つ女性たちの信仰を集め、地蔵講と称する女性の地蔵信仰集団が村や町で営まれ、その女性たちは老婆になっても深くかかわり、講を維持したのであった。まさに地蔵講は女性によるもっとも強固な講集団で、さまざまな運営形態がとられた。特異な祭祀形態として「廻り地蔵」がある。それは奈良県の東山中に伝承されている。厨子に納めた地蔵尊像を老婆が背負って、次の祭祀当番の家に送るのである。一晩祭って翌朝次の家に送るのを「一日地蔵」といい、三日間ずつ回るのを「三日地蔵」と称している。

地蔵のほか観音など、女性が信仰し、祭祀する仏や神はさまざまあるが、特異なものとして淡島信仰が挙げられる。

紀伊半島の西の突端、松の美しく繁った友ヶ島を隔てて、淡路島を手にとるように望む加太岬。ここ加太神社は、諸国にまつられる淡島《あわしま》さんの本拠だという。いうまでもなく婦人病の神様。脇の祠には、婦人の毛髪や櫛、ヘアピン、人形《ひとがた》がたくさん奉納されている。

この神は女性で、ひとつには婆利塞女《はりさいにょ》ともいう。天神の六番目の姫として、十六歳の春、住吉明神の一の妃《きさき》となったが、下の病にかかったので、うつろ舟に乗せられて堺の浜から流され、三月三日に加太の浦の淡島に流れついたという。以後、同情悲願によって、その病苦のものを治す誓いをたてたのだと伝える。

かつては淡島乞食《こじき》なるものがいて、背中に厨子《ずし》を負い、毛髪や櫛などをいっぱい下げて、一種怪奇な雰囲気をかもしだして徘徊《はいかい》していた。その姿は東北の農村にまで見られた。これが江戸時代中ごろから、「淡島願人」と称して、淡島さんの功徳縁起を説き、婦人たちに信仰をひろめた布教者であった。

お参りする人はさすがに婦人が圧倒的に多い。夫婦で参ると淡島さんが嫉妬されるので、女だけで参るのだという。祈願する人は髪や櫛をあげたり、人形《ひとがた》を奉納したりする。人形は文字どおり人間の代わりで、病の根源である悪霊をそれに移して、災厄を逃れようとするものである。

淡島さんは病気の性質上、色町の女に強い信仰もあったし、この神に「申し子」の願をかける人もあった。また女性の神として、針仕事などの上達を祈願する風もあり、二月八日には針祭りさえおこなわれている。

また、加太の近海に物を投げ込むと、加太の浦の淡島さんに流れついてくるといわれ、悪霊はみな淡島さんが引き受けてくれるとさえ信じられた。おそらく潮の流れによるものだろうが、この状況と、淡島さんがこの地に流れついたのが三月三日という言い伝えから、三月節供の流し雛も、多く淡島さんに流される。

加太の淡島神社は全国各所に祀られる淡島様の本社とされ、全国から各種の雛人形が奉納される。三月三日にはそのたくさんの雛人形を舟に乗せて海に流される。その雛人形は女性の災いや穢れをもって西の海の彼方の他界に流してくれるというのである。

女性の善光寺参り

近世以来、伊勢参り・熊野詣でをはじめ、社寺参詣の旅をする庶民も多くなった。そうした中で当然女性の旅も多くなった。ことに女性の善光寺参りは盛んであった。

欽明天皇の時代に、百済の聖明王が献じた仏像を礼拝するか否かで、物部・蘇我氏の対立が激化し、仏像は難波の堀江に沈められたが、その仏像が信濃の善光寺の阿弥陀仏だという。善光寺は皇極天皇元年（六四二）、勅願によって創建されたが、創建以来たびたび炎上し、戦国時代末期には武田信玄・織田信長・豊臣秀吉・徳川家康らによって諸方に移され、ようやく慶長三年（一五九八）にいまの地にもどされたという。

そしていまの堂舎は、江戸幕府の命や出開帳による諸国からの寄進で、宝永四年（一七〇七）に建立され、東日本一という宏大な本堂をはじめ、多数の塔頭、濡れ仏・六地蔵・仏足跡そのほか七社・七清水・七塚・七寺・七小路など、四十九ヵ所の霊場を有する広い境内で寺苑を形成する。この寺はまた天台宗の大勧進と浄土宗の大本願の二院が中心となり、宗派の別なく参詣できる宿願の霊場とされ、昔から一生に一度は善光寺詣でをしないと、弥陀の浄土に行ってから阿弥陀の光明に浴することができないと、多くの人々が参詣した。善光寺は近世においては、伊勢・高野に次いで参詣者が多く、また参詣圏の広いということで知られたが、女性の参詣者の多いこともその特色であった。

こうした善光寺参りの盛況の中で、「牛に引かれて善光寺詣り」という諺が流行った。それは、昔、善光寺の近くに貪欲な老婆が住んでいた。ある日、川に晒しておいた布を、近所の牛が角にひっかけて走って行った。老婆は布が惜しいので牛を追っかけて、とうとう善光寺まで行ってしまった。そこではじめて善光寺が尊い霊場であることを知り、仏の慈悲にふれ、己れの非を改めるようになった。牛は仏の化身であり、老婆の日頃の貪欲を戒めたという故事からきた諺であるという。なお、平安時代末期の『今昔物語集』にも、これに似た話があり、江戸時代末期の俳人小林一茶に「春風や牛に引かれて善光寺」という句もある。こうした「牛に引かれて善光寺詣り」の言葉は、広く女性を善光寺詣りに誘う語として人口に膾炙されたのであった。しかしこの語は拡大解釈されて、人に連れられて偶然にある場所へ導かれること、また、他人の誘いによってその道に入ることをいうことにも用いられるようになった。

彼岸会の営み

女性ことに主婦は家の先祖祭祀を滞りなく営むのが重要な役割でもあった。そのため先祖供養の彼岸会には敬虔な気持で寺院に詣で、西方極楽浄土を拝み、念仏を唱えるのである。その心情は老境に入るといっそう厚くなり、お勤めをしたのである。

春分・秋分を中心としたその前後三日間、すなわち七日間を「彼岸」という。前者を春の彼岸、後者を秋の彼岸というが、「彼岸」という言葉は仏教用語で、仏の世界を意味する。現世に対する他界をいうのである。春分・秋分の日すなわち彼岸の中日は、太陽が真西に沈むところから、西方極楽の説と結びついて、先祖霊供養に縁深い日とされた。

そのため、寺では彼岸会《ひがんえ》と称して、施餓鬼《せがき》供養などを営む。これはたいていの寺で宗派を問わずおこなわれ、人々は参詣して念仏を唱え、先祖供養をする。この彼岸会の代表的なものが大阪の四天王寺の法会《ほうえ》である。

この法会は歴史上もっとも盛大で、後白河上皇が毎年これに参加したので、摂政・関白も参議・蔵人《くろうど》もこれにお供をした。それにつれて京都の公家たちも、彼岸のあいだ四天王寺に下り、宿をとって念仏を唱えた。この念仏は西門念仏とも呼ばれ、四天王寺の「西門は極楽の東門に通ず」と信じられた。彼岸の中日にこの門から西に沈む夕日を拝んで念仏を唱えれば、かならず極楽に往生できるといい、いまも人々が殺到する。だから四天王寺では西門がもっとも重要視されているのである。

こうした彼岸会行事の特徴は、念仏と巡拝にある。彼岸会の念仏は「撞木置《しゆもく》かずの念仏」といって、寺に参った人がかわるがわる鐘を鳴らしつづけ、朝から晩まで念仏を絶やさない「不断念仏」をする。堂内いっぱいにひろがる大数珠につかまって、念仏を唱えながら数珠をくる「百万遍念仏」をするところもある。

彼岸はまた太陽崇拝をもととしているので、「日の伴《とも》」あるいは「日迎え」「日送り」をするところも丹後・但馬・播磨地方にある。朝は東の堂に集まり、昼は南の堂に集まり、夕は西の堂に集まって、一日中太陽の巡りを追ってお伴をするのである。各地に朝日堂とか夕日堂という名のお堂があるのも、「日の伴」の名残りである。

彼岸の墓参りは一般的であるが、山登りをする風習もある。九州の阿蘇山麓では、「彼岸籠《ごも》り」といって、春・秋の彼岸にはかならず山に登るものとされ、秋田県鹿角郡では、子どもが丘に登って唱えごとをし、万灯火という野火を焚く風習がある。これは山中を他界と考え、神霊は山に棲むものであるという、日本人の固有の信仰にもとづくものである。

「月待」の女性サークル

信仰的講集団でありながら、きわめて女性サークル的性格をもつ講があった。それは月に対する信仰にもとづく講で、十五夜の祭りはさておくとして、二十三日から二十四日にかけての「二十三夜」の祭りである。かつてはこの祭りを三都をはじめ都市・農村を問わず大々的にしたものであった。いまも各地に「二十三夜」あるいは「二十三夜待」と刻んだ石塔が見られるのはその名残りである。「日待」にたいする「月待」の行事で、「三夜待」とも「三夜供養」ともいわれるところもある。それに参加する人々の集団は「二十三夜講」と呼ばれている。その月は正月・五月・九月・十一月あるいは正月・六月・九月、また正月と十一月というように地方によって月の組み合わせは異なる。

暦の発達しない時代に二十三日という日を選んだのは、満月を中心に考え、満月を基準として月々の巡り、年月を見計った場合、月の形がちょうど半分になった時だからであった。実はこの日と新嘗の祭とがもとは同じであったのである。だが近世には延命地蔵の信仰が地蔵信仰のなかでもことに濃厚になり、二十三夜の月待の習俗を基底に二十四日を地蔵講の縁日とされたのであった。またこの日は弘法大師を祭る大師講の日とされたか、弘法大師だけでなく元三大師、智香大師あるいは聖徳太子という異質の人物の日ともされ、女性たちはこの日楽しんで集まり、一種の女性サークルの観を呈したのであった。

福を招く女

幸福の相・おかめとヒョットコ

福を招く女性といえばまず「おかめ」（お亀）が挙げられる。お亀は下ぶくれの丸顔で、おでこで鼻が低く、頬の高い女の仮面である。それに垂れ目で、にこやかな笑いを湛えた表情には、可憐な愛嬌と健康的な色気さえある。酉《とり》の市の大熊手などに飾られて、その面相は福を呼ぶ招福の相とされている。また、江戸時代中期以来、「笑う門には福来る」と正月の福笑いの顔にも用いられている。こうしたお亀は民俗芸能でしばしば大きな役割を担っている。三河の花祭では巫女のお供として現われ、獅子舞や祭礼行列では道化として愛敬を振りまき、雰囲気を盛り上げる。また太々《だいだい》神楽の「天の岩戸」の演目では、天鈿女命《あめのうずめのみこと》の役柄にお亀の面が使用されることが多く、そのため天鈿女の舞を「おかめさん」という俗称で呼ぶこともある。なお、東北地方では下級巫女をオカミ、オカメと呼ぶこともあったという。

ところがまた、狂言面の一つに乙御前《おとごぜん》という醜女《しゅうめ》・姫鬼などの役柄に使われる面が「お亀」であったり、狂言の「釣女」では、上﨟の女房をみかけた殿が近づいてその被衣をとると醜女であったといい、その醜女にはこの乙御前の面を用いていたのだという。だがよくよく「お亀」の顔の輪郭を見ると、有名な「鳥毛立女図屏風」に描かれている天平美人、『源氏物語絵巻』に描かれている平安の姫君たちはみな、引目鈎鼻のかすんだ表情ではあるが、丸顔で下ぶくれの豊満な面相である。そうした面相を福相とする意識・感覚が醸成され、中世、近世へと継承されたのであろう。

この「お亀」が剽軽《ひょうきん》で道化者のヒョットコという亭主をもつ話になっている。このヒョットコは片目が小さく、口をすぼめて突き出した滑稽な表情の男の仮面で、またその面をつけた踊りもいう。ヒョットコというのは「火男」の転訛で、口をとがらせているのは火男が火吹竹で火を吹くときの面相であるという。『古事記』に現われる天目一箇命《あまのまひとつのみこと》という鍛冶師は片目であるとされ、鍛冶師の伝承には片目片足伝承が多い。実際鍛冶の作業でもっとも重要なのは、鞴《ふいご》で風を送って火の色を見分けることで、ヒョットコの顔や片足をあげて舞う姿はまさに鍛冶仕事に由来するとも考えられる。そうしたことからヒョットコは火の神・風の神・鍛冶の神ともされ、陸前地方ではヒョットコの大きな面を竈神《かまどがみ》として、竈の側の柱に掲げて祀る風習がある。

こうしたヒョットコが、「お亀」の亭主として太神楽系の神楽獅子舞や江戸の里神楽・祭囃子や田楽その他の民俗芸能などに剽軽に踊り舞い、五穀豊穣・子孫繁栄などの諸祈願を盛り立てるのである。

こうした「お亀」がその福相から「お多福」さらに「お福」と呼ばれるようになる。するとこんどは福助という謹厳で円満で財福をもつ亭主に恵まれる、可愛い女性ということになる。福助は童顔の大頭で裃《かみしも》をつけて座った人形として現われてくる。この方はその出生・来歴が語られている。京都の大文字屋という大きな呉服屋に頭の大きな小男の主人がいて、一代で大福長者になったが、町の貧しい人たちに施しをして助けたので、町の人たちが彼の像を作って報恩したのが福助人形の始めだという。安永二年（一七七三）の『吹寄叢本』に、お福という女が福助に嫁したという話があり、後に福助とお福の人形を一対として縁起棚に飾る風が生まれ、文化年間（一八〇四—一八）には麻裃姿の福助とお福の面をつけた紅前垂姿のお福が一組になって、祝詞を述べてまわる門付があったという。

また一説に、享和二年（一八〇二）長寿で死んだ摂州西成郡の百姓佐五右衛門の子佐太郎が、身長二尺（約六〇センチ）にみたない大頭の小人であったが、これが幸いして幸運に恵まれた生涯を送ったことから、その姿を写して福徳招来の縁起物とし、享和年間（一八〇一—〇四）江戸で「叶福助」の人形として流行したというのである。

いずれにしても福を招いてくれる者はまず女性であるという意識の存在が認められる。その女性を軽妙洒脱な人格と仕立て、円満な女性として名も「お福」として、その相棒もまた神聖味をもちながらも剽軽な男性であり、かつまた、謹厳実直なる男性とされており、このように女性を軸に縁起譚が展開されてきたことは興味深い。

「招き猫」の誕生

女性の深い愛情、それも動物にたいする愛情がまた、福を招く縁起物をも誕生させたのであった。それはほかならぬ「招き猫」である。

「招き猫」は片前足を挙げて座っている姿態の猫の像で、その格好が人を招く姿に似ており、また芸者の異名をネコと呼ぶのにちなんで、花街や飲食店などで愛用され、正月に買い求めて店の入り口に置く風がある。また猫は人だけでなく福を招き寄せる霊力を持っていると信じられ、一般にも縁起物として用いられる。

その由来については一説に、信州埴科《はにしな》の百姓清左衛門という者の家から出た遊女薄雲《うすぐも》は、江戸の京町一丁目の三浦屋四郎左衛門お抱えの太夫《たゆう》で、高尾《たかお》と同じ廓《くるわ》で全盛を競ったのであるが、大の猫好きで知られた。いつも猫を抱いて道中し、愛猫のために友禅《ゆうぜん》の布団を作り、緋縮緬《ひちりめん》の首輪には純金の鈴をつけてやったという。

ところが、この愛猫がある日、化け猫に間違われて殺されてしまった。悲しんだ薄雲は吉原あげて葬式を出し、土手の道哲寺に埋葬してやった。この猫像は一九二三年（大正十二年）の関東大震災まであったという。

この話を客の一人である日本橋の唐物屋の主人が聞いて、薄雲を慰めてやろうと、わざわざ長崎から伽羅《きゃら》の名木を取り寄せ、愛猫の姿に彫って薄雲に贈った。薄雲はたいへん喜び、木彫りの猫を片時も離さず、その猫を抱いて道中した。ところがこの猫の模造品を作るものがいて、浅草の歳《とし》の市で売り出したところ、たちまち全国の水商売を営む人々に広まった。これが招き猫の縁起物の始まりだというのである。

なお、招き猫が一般にも広まるなかで、左前足を挙げたものと、右前足を挙げたものとの二種類が生まれた。左前足を挙げたものは人を招くもので、千客万来や良縁を求めるのに用いられ、右前足を挙げたものはお金を招くもので、金運や招福開運を求めるのに用いるものと、使い分けがなされている。

恨みをのむ女

女の怨念と幽霊譚

死者の霊が生前の姿になって現われるという幽霊はもっぱら女性である。それは女性は男性よりも強力な霊力を持っており、ときに怨念を表出する性格を持っているためともいえる。

ところで、幽霊といちがいにいってもじつは二種類ある。その一つは、その人に怨みがあるなしにかかわらず、特定の人を目ざしてその眼前に出現する幽霊。その人がどこにいようと、出ようと思えば千里を隔てても、どこにでも出られる幽霊。その二は、この世に怨念が残っているにせよ、いないにせよ、きまった場所に出現する幽霊。これは人を選ばない。偶然にしろ、そこに行きあわせたものは、たとえ誰であろうとその怪異にぶつかる幽霊である。

幽霊話は日本に数々あるが、上田秋成の『雨月物語』に収められている「吉備津の釜」という話がもっとも怖い話であろう。

岡山の吉備津の神主家に磯良という娘がいた。仲立ちをする人があって、同じ国の郷士井沢家の一子、正太郎のもとに嫁ぐことになった。正太郎は酒色にふける男であったので、磯良の父母が心配して、吉備津神社に伝わる釜で湯立てをして神意を占ったところ、神もこの縁組みを承認しなかった。しかし縁談が進んでいたため、やむなく予定通り輿入れした。磯良は夫や父母にもよく仕えたが、いつしか正太郎の本性がでて、鞆の津の遊女、袖に入れあげて帰らなくなった。ある日正太郎は磯良に向かって、自分は袖とは手を切るつもりだが、袖がまたもとの遊女になるのは気の毒だから、手当てを充分にやって、京に上って暮らさせたい。そのため路銀などを用意してやりたいと相談をもちかけた。だまされるとも知らず、磯良は自分の衣服調度を金に換え、さらに実家の母からも金を調達して正太郎に渡した。すると正太郎はその金を持って、袖と手に手をとって行方をくらましてしまった。磯良は嘆き悲しみ、ついに重い病の床に臥してしまった。

さて話は変わって、正太郎と袖の二人は京へ上ることなく、同国荒井の里の袖の従弟、彦六の家に身を寄せていた。ところが袖が物の気《け》がついたように熱にうなされ、七日ほど苦しんでこの世を去った。正太郎は袖を手厚く葬り、ある日その新墓に詣でると、袖の墓のそばに新しい墓が建ち、中年の女が悲しげに詣でている。そしてその女のいうには、この墓は自分の主人の墓で、主人に別れた女君は悲しさのあまり病に臥せっているので、自分が代わりに参っている。もしよければ家に来て、ともどもいとしい人を失った悲しみを慰めあってくれという。正太郎はすすめられるままにその女の女君の住まいを訪れた。中に入ると低い屏風を立てて、そこから夜具の端が出ている。すると中から女君が屏風を少し引きあけて、「珍しくもお目にかかったこと。つれないしうちの報いのほどを、思いしらせてあげよう」というので、ハッとしてみると、故郷に残してきた磯良であった。顔色ひどく青ざめ、たるんだ目はすさまじく、さし出す手は青く細っていて、その恐ろしさに正太郎は気絶。やがて息を吹きかえしてみると、家だと思ったのは曠野の中の荒れた堂であった。正太郎は里のほうの犬の声をたよりにやっとの思いで逃げ帰った。

正太郎がこの始終のことを陰陽師に語ってうかがうと、陰陽師は災いは正太郎の身に迫っている。磯良の怨みが袖の命を奪ったのだがそれでも尽きず、あなたの命も旦夕に迫っている。この「鬼」が世を去ったのは七日前のことだから、今日から四十二日の間は戸を立てて謹慎せねばならないといい、陰陽師が筆をとって正太郎の背から手足すべてに呪文を書きつらね、さらに朱符を記した紙を数多く与え、入り口という入り口に貼って神仏を念じると、あるいは九死に一生を得るかも知れないと教えた。正太郎はその教えを固く守ってこもっていると、その夜三更（今の午後十一時〜午前一時）のころ、恐ろしい声がして、「あなにくや。ここに尊い符文が貼ってある」とつぶやいた。こうした夜が毎日毎日続き、その声は日ましに烈しくなり、とうとう四十二日最後の夜になった。やがて五更（今の午前三時〜五時）の天もしらじらと明け、正太郎は長い夢から覚めた気がして、重い物忌もやっと終わったと壁を叩いて隣家の彦六を呼んだ。彦六がそれにこたえて戸を半分開けたか開けない時、「ああっ」という絶叫が隣から聞こえ、尻もちをついてしまった。彦六は正太郎の身に異変が起こったものと、斧をとって表に出ると、夜が明けたと思っていたが月はまだ中空にあり、正太郎の家はとみると、戸は開けはなたれていて人影はなく、壁におびただしく血が流れていてあとは何もなく、軒のつまに男の髪のもとどりだけがひっかかっていたというのである。

この話は磯良の生霊が夫を奪った袖をとり殺し、さらにその死霊が自分を裏切った夫をとり殺すという、幽霊話としては二重の構造をもつもっとも恐ろしい話である。だが符文を戸口に貼って難を逃れようとするのは「牡丹灯籠」と似ているし、体に呪文を書くのなどは「耳無し芳一」の話に似ている。

さて、われわれの頭の中に描かれている幽霊には足がない。これは幽霊というものを意識しはじめた昔からであろうか。いやもとは足があったようである。実際、幽霊の足音というものも、われわれの空想を刺激するせいか、非常に効果的である。もっとも怖い足音が、円朝の「牡丹灯籠」のカランコロンという下駄の音である。足のない下半身のボーッとした形で、草木も眠る丑三つ刻、なま暖かい夏のそぼ降る雨の中、川のほとりの柳の陰あたりに、ドロドロと現われるといった形は、近世の文学的修飾の間に自然にまとまってきたらしい。とくに幽霊に足がなくなったのは、円山応挙がそうした幽霊を描いてからだといわれる。

これがさらに芸能の上で技術的に工夫され、舞台の上から「幽霊は足のないもの」という観念を大衆に植えつけ、それが常識化したのである。この工夫は江戸の河原座の鶴屋南北と名優尾上松助によってなされ、文政八年（一八二五）、三代目尾上菊五郎によって上演された怪談狂言「東海道四谷怪談」が決定版となった。この狂言で、生爪のはげる工夫、髪の毛の抜ける仕掛け、半面仮かつらを使っての変相、提灯から幽霊の抜け出るシーンなど、さまざまの新工夫がなされ、幽霊芝居のひとつの型を作ったのである。

尾上松助が応挙の絵などを参考に扮装を考案し、裾をだんだん細く長く曳く形にし、足を見せないようにして、宙乗りをさせるなどの仕掛けにしたことが、庶民の信仰上の幻を具象化するうえに非常な影響を与えたのであった。幽霊から足をなくしたことは、霊魂は中空を飛び、いついかなるところへも自由に飛行することができるという、庶民の信仰を具体的にあらわし合理化した。

ここで思い出されるのが、肩車の習俗である。肩車というのは、子供を肩に乗せて歩くことであるが、この例はことに神祭りに多く、神霊の依代である稚児は絶対に土を踏まさず、馬に乗せるか肩車にして渡御した。土を踏まないことが神聖性を保つという信仰は世界的なもので、足が地に着いていると、霊力が地に吸い込まれてしまうと信じたからであった。したがって幽霊の場合ももし足があれば霊が地に吸い込まれて、幽霊の霊としての資格がなくなるともいえる。こうしたことからも、幽霊にはむしろ足のないのが自然であるともいえる。

井戸と橋――幽霊出現の場

幽霊は井戸の中から現われる描写がしばしばなされる。これには意味があった。井戸というのは現世と他界の通路である。井戸は地中を通って遥かなる海上他界に通じるのである。盆の前になると、かつては必ず井戸浚《さら》えをしたのであるが、それは先祖の霊がこの井戸から帰ってくると信じたからである。この先祖の霊とともに、子孫に祀られぬ無縁の霊や、恨みをもったさ迷える霊もやってくると考えたために、盆には無縁仏を祀る棚が井戸端に設けられて供養されるのである。こうしてみると井戸に幽霊が出現するのは理にかなった構成である。

また、橋の袂を幽霊出現の場とされることも多い。それにも意味があった。川は現世と他界の結界で、手前が現世空間、対岸が他界空間と意識されたのである。橋はこの他界と現世の境であるとともに通路でもあった。日本の神社仏閣で著名なところに、多く「太鼓橋」あるいは「反《そり》橋」というのが架けられている。大阪の住吉大社や誉田八幡宮など枚挙にいとまがない。周防岩国の錦帯橋もそうである。こうした橋は神社仏閣の山門前に架かり、厳粛の雰囲気を漂わせるのであるが、これはたんに造形的に美観のために造りあげた形状ではない。実際この橋は実に渡りにくいのである。この橋を境として二つの空間が構成され、橋の内側は神域・伽藍で、いわゆる聖なる空間で他界である。それに対して外側は現実界である。すなわち、こうした橋をもって現世と他界を交通することは本来多難である。それを克服することによって聖なる地に赴けるのである。こうして見ると橋の袂が、他界から現世に現われる幽霊出現の場と設定されるのも頷けるところである。

妖怪の中の女

人間が現世で営みを立てるとき、たえず異界とのかかわりを迫られ、さまざまな脅威を味わわねばならなかった。その脅威のなかでは人知では計り知れない、正体不明の事物や異様な現象に遭遇することがあり、人間に畏怖の念を抱かせるものがあった。そうした摩訶不思議な現象にたいして、個人が感得するだけでなく、同じ生活領域・環境にあるものが、共通の心意をもって共同幻想・共同幻覚・共同幻聴した。それが今日いうところの妖怪で、「物の怪《け》」などの言葉で呼ばれた。

すでに早く『古事記』や『日本書紀』あるいは、『風土記』などにも数多く、そうした不思議な現象のさまを記している。奈良時代から平安時代にかけて、さまざまな怪奇現象をみな鬼・天狗・狐にかぎって理解しようとしたが、平安時代末期になるとさまざまな妖怪を認め、「百鬼」あるいは「百鬼夜行」の言葉で表現した。そのさい、摩訶不思議な現象は神の威力、神の意志の現われと信じられ、そうした信仰対象としての妖怪の下地をなしていた。そして妖怪は、信仰が失われ、零落した神の姿であると人々は考えたのであった。

そうした妖怪は、山の怪、川の怪、海の怪、野辺の怪、路傍の怪、町の怪、家・屋敷の怪と、それぞれ妖怪の棲む所や出現の場所がきまっている。また、「百鬼夜行」の言葉で表現されているようにきわめて多彩である。その中には女性の妖怪も多く、ことによっては女性の妖怪の方が怪異性をもつ場合もあり、逆にまた親しみをもたれたのであった。それは本来女性のもつ特性によるものであろう。現代の「学校の妖怪」において、その主役が「トイレの花子さん」というのをもってしてもうなずけるところである。

山姥《やまんば》

老女の姿をした山に棲む妖怪。眼光鋭く、口は耳のあたりまで裂け、髪は長く、背の高い色白の女で、人をとって喰う。だが、一面でユーモラスな間の抜けた性格をもっている。ときには里人に幸運を与えてくれることもある。この山姥の夫が山爺だともいわれている。

河媼《かわうば》

川に棲む老婆の妖怪で、河童と同じような性格をもっているが、河童ほど多芸ではなく、またユーモラスでもない。きわめておとなしく、あまり姿を見せずに人間に語りかける。

共潜《ともかつ》ぎ

海女《あま》が海底にもぐって行くと、海女とまったく同じ姿格好で現われる妖怪。ニヤリと笑い、ときには鮑をくれたり、手を引いて暗いところへ誘い込もうとする。これを自分と同じ海女仲間だと思って、鮑をもらったり、ついて行くと、潜水時間が延びて窒息死してしまう。

海女房

海坊主の女房だといわれる妖怪。髪・目・耳・鼻・口がそろっていて、手足もあるが、一見人魚に似た姿で、手足の間に水掻きがある。たいていは子連れで現われ、海から上がってきて、桶に漬けた魚をペロッとたいらげてしまう。

雪女

女の姿をした雪の精。透き通るように白い着物を身にまとった美女が、大雪や吹雪の夜、子供を抱いて現われ、「この子を抱いてください」などと言う。もしその声に誘われて子供を抱くと、雪を抱えたように冷気が襲い、やがて雪の中で凍え死んでしまうという。

つらら女

美女の姿をした氷の精。冬、氷柱《つらら》ができるようになると、どこからともなく現われ、春になって氷柱が消えると、いずこともなく姿を消す妖怪。この女を怒らせると、いきなり氷柱に変身して、相手の胸にぐさりと突きさして殺してしまう。

姥火

姥の亡霊の火の玉。雨の降る夜にかぎって、直径三〇センチもあるような火の玉が飛び交う。昔、毎夜、神社の御神灯の油を盗んで自分の家の灯心の油にしていた姥の亡霊で、油を盗みにくるのだという。

火消し婆

灯火を消してまわる老婆の妖怪。民家の集まったところに現われ、人の目につかないところからフーッと息を吹きかけ、家の中の行灯《あんどん》や提灯《ちょうちん》の火を小さくしたり、消してしまったりする。

砂かけばばあ

暗い夜道を行くと、付近の古木の上にかくれて人の頭に砂をかける老婆の妖怪。だが姿はめったに見せない。

ろくろ首

人間の首がしだいに伸びていって飛行する妖怪。女の妖怪が多い。夜更けに首が伸びて外に出て行き、夜明け方になると、また首がちぢまってもとの人間の姿にもどる。

お歯黒べったり

のっぺらぼうで口だけの女の妖怪。夕闇せまるころ、美しい着物を着て、顔を隠して出る。声をかけるとお歯黒がべったりの口をあけてニタニタ笑う。

二口女《ふたくち》

頭の後《うしろ》にも口ができて、食べ物を両方の口から同時に食べる女の妖怪。後《うしろ》の口へは、髪が二つに分かれて二本の手の役をはたし、食べ物をつかんで運ぶ。

小袖の手

恨みのこもった着物の妖怪。知らずにこれを着ると病気になってしまう。恨みをもって死んだ女が、この小袖を着て出ることもある。また衣桁《いこう》にかけておくと、両袖口から白い女の手がスーと出てくる。

柳　女

死んだ赤子を抱いて柳の木の下に立つ女の妖怪。また柳の木そのものに宿る霊で、風の吹く夜、橋のたもとの柳の古木の揺れる枝に、頬をなでられたり、傘を取られたりするのは、この妖怪の仕業だという。

お菊虫

昔、お菊という貧しい娘が櫛の行商に歩いていたが、品物は売れず、ひもじくなったので、倉に入って米を盗もうとしたところ、役人に見つかって殺されてしまった。それからお菊が虫になって現われ、人々をおびやかすようになったという。

ところで、近年、小学校児童のあいだで話題をにぎわした「学校の怪談」の**トイレの花子さん**も、主人公が女性であることに意味がある。「花子」という名は固有名詞ではなく女性を指す普通名詞である。その出現場所とされるトイレすなわち便所は、平常の生活空間ではなく、他界と現世を繫ぐ通路であり、聖なる場である。したがって、この怪談の中にも女性が霊力をもっていることが表出されているのである。

第二章　才覚をもつ女

勘と骨と加減を知る

カン・コツ・カゲン

いまはどこの家の台所にもある電気釜は、すでに大正時代につくられていたが、第二次世界大戦後の昭和二十年代になって本格的に市場に出た。だが当時の電気釜は釜に電熱器をつけただけのものであった。それが昭和三十年代になるとサーモスタットがつき、昭和三十五年（一九六〇）にいたってタイマースイッチがつけられ、本式の自動炊飯器となって急激に普及した。

昭和三十年（一九五五）に自動スイッチのついた電気釜が東芝から発売されたとき、店先に掲げられたキャッチフレーズは、「カンに頼らず科学的に滋養豊富なご飯がたける」であり、伝統的な炊事法のカン・コツ・カゲンを放逐する契機となった。また、この電気釜を仕掛けるときの水加減を量るものとして計量カップがつき、世は計量カップ時代となり、カン・コツ・カゲンがまったく食生活の中から消え失せた。こうした状況を体得すると、かえってカン・コツ・カゲンの時代が懐かしく、往時を想い起こさせる。

近代以降、一般に主食の主流を占めたのは米食であるが、その炊き方は主婦が子供のときから母親の炊き方を見習ってきた、長い経験の上に成り立っていた。炊事具には鍋・釜が長い歴史をもち、イロリにおいては鍋が、カマド（クド）では釜が用いられるのが一般的であったが、近世から釜が主役を占めるようになった。

それは米の調理法の変化によるものであった。釜で炊いたやわらかい飯を姫飯というが、この姫飯の炊き方には湯取り法と炊干し法がある。湯取り法は水加減を多くして、沸騰したところで煮汁を取り去って、あと蒸し上げる方法で、パサパサの飯ができる。炊干し法は最初の水加減のまま、あとは火加減の調節によって一気に炊き上げる方法で、一般にこの方法が家庭で日常用いられたのである。そこから釜には大きな重い蓋がつけられるようになった。この蓋は把手に意匠をほどこしたりしていて、造形的にも秀でているが、それも炊事の実利的効用から生まれたのであった。そして「初めチョロチョロ、なかパッパ、ジュウジュウいうとき火を引いて、赤子泣いても蓋とるな」というような炊き方をしたのであった。そのためおいしい飯が炊けたのである。

こうした飯を仕掛けるとき、現在の自動炊飯器のように計量カップは使わなかった。台所の米櫃の中には古い茶碗や使い古しの塗椀や米をすくうのにちょうど見合う容器を入れておいて、その日食卓につく家族の人数に合わせて、またその日の各人の健康状態や労働の加減を見計らって、その容器に何杯と計ったのであった。また水加減も手の平を腕と直角に曲げて釜に突っ込んで、クルブシのつかるところまで水を入れるなど、まさに主婦の手加減であった。「手加減する」という言葉を日常使うが、その言葉の語源も実はここにあった。この手加減がまためったに狂うことがなかった。その日の家族の労働の加減や身体の調子などを慮って、今日はちょっとやわらかめの飯にしようか、ちょっと強《こわ》めの飯にしようかという判断は主婦の裁量であり、手加減によるものであった。こうしたカン・コツ・カゲンは自動炊飯器の普及によって影をひそめたのであった。

食生活の変化と回帰

炊飯ばかりではない。日本の家庭料理の西洋料理化も食生活の変化の大きな一因である。明治三十七年（一九〇四）に大阪でカレーライスがはじめてつくられてより、簡便な西洋風料理が徐々に家庭にも浸透した。そして大正洋風料理が広まり、家庭における箱膳という個人専用膳を消滅させた。箱膳というのは蓋付きの四角い箱で、食事のときは蓋を裏返しにして、その上に中の食器を出して並べて食事をする膳である。それに代って第二次世界大戦後、共有共用膳と食器が本格的に家庭の台所を支配するようになった。そして今日、テレビでの料理番組が盛んになり、その教え方はすべて計量カップによる味付けとなり、この味付けがまた料理のカゲンとシュンの妙味をなくしてしまった。

もともと日本の食事は、季節と風土を食べさせるといってよいほど、それぞれの土地における旬のものを、家族に賞味させることに主眼がおかれ、それぞれの材料をうまく組み合わせることに主婦の力量が発揮された。だが西洋料理の普及はそれを必要としなくなった。第二次世界大戦後の西洋料理は、いうなれば日本人すべての欠食の上にただ乗っかっただけから始まった。東京上野・浅草の地下道で欠食浮浪児が死んでいき、東京の小学校児童の体重が一ヵ月に一キロずつ減っていくありさまから、昭和二十一年（一九四六）ある小学校で、先生と農家の善意の持ち寄りによって、一切れのパンとキャベツの下葉で給食がはじまった。そこから学校給食がひろまったのであるが、その後ハンバーグとスパゲッティとカレーが給食の三種の神器とされた。この子供たちが主婦となり母親となったとき、西洋料理・洋風料理はなんの抵抗もなく、しぜんに受け入れられたのである。

戦前の西洋料理の特徴は、日本風の料理の一部を西洋風に変えること、あるいはコロッケ・トンカツなどを日本独特の味にすること、すなわち西洋風の素材が日本化されるところにあったが、戦後のそれはまったく一変し、西洋料理そのものが家庭の台所に進出したのであった。したがって、それに合った材料は旬にかぎらずたえず調達されねばならないことになり、促成栽培などの農業技術の改良とあいまって、旬をなくしてしまったのである。

こうした状況から、サラリーマンたちはふたたび旬の味を求め、昭和五十年代のある調査で、いまいちばん食べたいものはと尋ねられたとき、上位を占めたのは湯豆腐・キンピラゴボウ・ヒジキ・アブラゲ・イワシ・ウドン・ソバなどで、ステーキ・ハンバーグ・生野菜などはあがらなかったという。すなわち家庭料理のなかでは日本在来の食べ物、旬の食べ物が食べられないということであった。そこから都市の飲食店・小料理屋で、「おふくろの味」「ふるさとの味」などと称する郷土料理店が出現することになったのである。

しかし平成の時代に入ったころから、主婦たちのあいだでも西洋料理一色の日常食生活にあきたらなくなって、日本在来の食事を見直す傾向もでてきた。一例をあげると「春の七草」とはなんだろう、知りたいという若い主婦の関心が強まり、デパートやスーパーの食料品売場に、正月七日近くなると七草のセットが並ぶようになった。またしだいに正月や盆その他年中行事の折々の食材が売り出される情景が見られるようになった。これも旬の再発見へのきっかけになるであろう。いまこそ豊かで味わいのある食生活を送るため、加減と旬の回復を求めるべきであろう。

旬を着る・旬を食べる

旬を着る

古来、日本人は毎年季節に応じて着物を着替えたり、調度を改めたりしてきた。その日は定まっていて「衣更《ころもがえ》」と称した。「衣替」「更衣」とも書き、一年を二期に分けて四月朔日と十月朔日をその日として、四月朔日から九月晦日までを夏装束、十月朔日から三月晦日までを冬装束とされた。こうしたことはすでに平安時代の宮廷から行われていた。時代は下るが『建武年中行事』の四月朔日の条では、

四月ついたち、御衣がへなれば、所々御しやうぞくあらたむ、御殿御帳のかたびら、おもてすずしにごふんにて絵をかく、かべしろみなてつす、よるのおとどもおなじ、とうろのつなおなじ物なれど、あたらしきをかく、たたみおなじ、しとねかはらず、御ふくは御なをし、御ぞすずしのあやの御ひとへ、御はりばかま内蔵寮より是をたてまつる。女房のきぬ、あわせのきぬども、衣

がへのひとへ、からぎぬすずし、もつねのごとし。

とある。すなわち、宮廷の四月一日の衣更では、清涼殿の部屋の間仕切として垂れ下げられていた布帛を取り除き、天皇の衣服の直衣《のうし》と夜具としての御衣《おんぞ》は生絹の綾の単《ひとき》に、袴は生絹の張袴に、女房たちの衣服は袷《あわせ》から単《ひとえ》になり、唐衣は生絹の薄物になったというのである。こうした衣更の風は宮廷だけでなく、しだいに武家・民間にも広まった。そして桃山時代から綿入の着物も用いられるようになり、単・袷の次に綿入を着用する風も生まれた。

江戸時代の『俚諺集覧』には、

衣かへ、更衣、四月朔日、十月朔日をいふ、今、江戸の御定は、四月朔日より五月四日まで袷小袖、五月五日より八月晦日までひとえ帷子麻布なり、九月朔日より同八日まで袷小袖、九月九日より三月晦日まで綿入小袖なり

とあり、江戸時代には端午の節供や重陽の節供も晴れの日として衣服を改める風が生まれたようである。また三月晦日までは綿入を着て、翌四月朔日には綿入を脱いで袷に変えるので、四月朔日を俗に「綿ぬきの祝」あるいは「綿ぬき」と称するようになり、この風習と言葉は近年まで伝承されていた。なお、四月朔日から綿入着物を脱ぐことは、江戸時代末期の『東都歳時記』にも、

四月朔日、更衣、今日より五月四日迄貴賤袷衣を着す。今日より九月八日まで足袋をはかず、庶民単羽織を着す

とあり、また五月五日と九月九日を一つの衣更の日としたこともはっきりと記されている。

近代以降の民間の風習としては、六月一日に裏を付けた袷から一枚仕立ての単に着替え、九月一日には単から袷にもどるという形をとることが多い。この間十月から翌年五月ぐらいまでには、縦横ともに梳《そ》毛糸《もうし》（長い羊毛の糸）を使って織ったセルの着物を着るし、七月・八月の盛夏には麻、紗《しゃ》・絽《ろ》などの薄物の着物を着る風がある。

このように時代とともに幾分違いはあるが、女性は季節すなわち旬をよく理解し、対応する知恵を働かせて暮らしのリズムをつくってきたのである。

衣更が一年に二回とされていることには意味があった。日本において暦が採用されるまでは春秋二回の季節感しかなかった。中国の史書『魏志倭人伝』は『魏略』の文を引いて、「其俗不㆑知㆓正歳四時㆒但記㆓春耕秋収㆒以為㆓年紀㆒」と記している。すなわち紀元三世紀ごろの日本人は、春に耕作して秋に収穫することをもって年数を数えていたのであった。いいかえれば草木みな萌え、芽を出す春の始めを、年の始めとしたのであった。それはいまの暦で「立春」の時期である。今日、大寒に入る前に迎える新暦の正月になっても、「謹賀新年」とか、「迎春」の詞を述べるのは、こうした古来の意識を伝承しているし、めでたいという言葉も「芽出度い」からきているし、都市の夏祭りは別として、祭りの基本が豊作祈願の春祭りと、収穫感謝の秋祭りで構成されているのもそのためである。したがって、実際に花が咲き陽春を意識するようになって、春の初めを四月朔日、秋の初めを十月朔日とされ、それが衣更に反映しているのである。

旬を食べる

旬を象徴する年中行事の折々には、それぞれ特有の食事をする。そのため旬をわきまえ、才覚と手腕をもって食材を調達し、伝統的な手法によって調理するのが主婦であった。なかには近世になって広まったものもあるが、それはそれなりに暮らしの中に定着し、一つの慣習として今日に伝承されている。

ところで、近世以来、「年越しソバ」を食べる風習が生まれた。その由来は、江戸時代、大坂の金銀細工師が、一年の仕事納めの日、あちこちに飛び散った金粉や銀粉を集めるため、ソバ粉を熱湯で練って団子を作り、それで床や畳を叩いた。すると、金粉・銀粉がソバ団子にくっつく。それを火で焼くとソバは灰になり、金銀の粉だけが残った。こうしたところから、いつしかソバは金を集めるということになり、大晦日にはソバを食べて、新しい年に金が集まるようにと縁起をかついだのである。

ソバはもともと粉に挽き、熱湯を加えて練り上げ、いわゆるソバガキにしたのが原形であるが、元禄時代ころからソバ粉をつないで細長いものにする知恵が生まれた。はじめは山芋か卵、のちには小麦粉を入れてつなぎとするようになる。こうしてソバが長く作られ、腰が強くなってから、「ソバのように長く、長寿であるように」というようになったのである。

なお、新暦二月の初めにある「立春」の前日の「節分」に「年越しそば」を食べる風習がある。本来の年初めは春の訪れにあり、今日立春とされている頃が年初めとされていたので、その前日が年越しである。すなわち季節の大きな分かれ目で、節分なのである。したがって節分に年越しそばを食べるのが本来の姿であり、古風であったといえる。

正月七日は七日正月である。正月の六日の夜から七日の朝にかけては、一年のうちでも大切な夜とされ、「六日年越し」とか「六日年取り」とかの名称もある。喜田川守貞はその著『守貞謾稿』で、「正月六日、今日を俗に六日年越など云也」といっており、文化・文政期の江戸でも、ふつうに六日年越しと称していた。

七日をナナクサと呼び、七種類の野菜を粥に入れて七種（七草）粥、あるいは雑炊にした七種雑炊をたべる風はほぼ全国的である。七種とは、せり（芹）・ほとけのざ（仏座）・ごぎょう（御形）・はこべら（繁縷）・すずな（蕎）・すずしろ（蘿蔔）・なずな（薺）で、春の七草という。

これらの菜は六日の昼に摘んでくる。それを「若菜迎え」という。そして、六日の夜に入って刻むのである。俎板の上で音を立てて刻むところから、「菜を叩く」ともいう。そのとき「唐土の鳥が日本の土地に渡らぬさきに七草なずな」などと唱えながら叩くのであるが、トントンとできるだけ大きな音を立てるとよいといって、俎板の上に金俎箸をのせて庖丁で菜を叩く。すると金俎箸が跳ねて大きな音を立てるのである。これは、年頭にあたって農作物に害をおよぼす鳥を追い払う鳥追いの行事と習合したものである。

旧暦二月最初の午の日を「初午」といい、稲荷をまつる風習は全国的である。初午の稲荷詣では

『紀貫之集』や『今昔物語集』にも見える。稲荷はもともとウケ（ウカ）の神、あるいはミケの神の名でも伝えられる食物神であり、農耕神であった。古典にでてくる田中神社・田上神社・田辺神社などは、田の神祭の儀礼のおこなわれたところが固定して祠となったものである。この稲荷の神の神使が狐であるとされ、この狐をミサキ・オサキと呼ぶのは全国的である。

この初午の日を中心として、野施行がおこなわれた。寒施行ともいい、野に棲む狐に食物を施して回るのである。一般には油揚げや握り飯を竹の皮に包み、夜、若い男女、ところによっては老人が、「ノセンギョウヤ、ノセンギョウヤ」と唱えながら、狐のいそうなところに置いて回った。

この風習は畿内一円に見られた。大阪市内でも赤飯の握り飯と油揚げを竹の皮に包み、まず自分の信心している稲荷の社に詣で、そののち夜を徹して高張提灯を押し立て、狐の棲んでいそうなところに施行して回った。油揚げを施して回るのは、狐が油揚げを好むからであるという。こうしたところから、油揚げでくるんだ鮨を「稲荷鮨」といい、また、信田《しのだ》の森の狐の伝説にもとづいて「信田（太）鮨」ともいうのである。

稲荷鮨は甘煮の油揚げの中に酢飯をつめたもので、酢飯には麻の実・牛蒡《ごぼう》・人参、ときに椎茸・干瓢《かんぴょう》などを刻みこんで煮たのや、炒った麻の実を混ぜたものもある。江戸はだいたい握り鮨の形であるが、京坂地方では、四角い油揚げを斜めに切って三角形にし、狐の顔に似せている。

節供の食と土用鰻

三月節供には散鮨《ちらしずし》と蛤《はまぐり》の吸物を食べるのが一般的である。散鮨は五目鮨・五目飯とも言われ、野菜や魚肉などの具を上に体裁よく並べた鮨飯である。この鮨の味加減もまた主婦の腕前による。

五月節供には粽《ちまき》や柏餅を食べる。粽はもともと中国渡来の菓子で、これを端午の節供に用いるのも中国の風習に従ったのであるが、『延喜式』に「粽料糯米二石」などとあるのを見ると渡来の古いことがわかる。『和漢三才図会』には、

粳米《うるち》を捏ねて状芋子の如くし、芦葉を以てそれをつつむ、また菰葉を以てそれを包み、菅あるひは灯心草を以て縛り巻き、十個を一連となして之をゆでる

と、その作り方を述べている。柏餅は上新粉を練って蒸したもので餡を包み、さらに柏の葉で包んで蒸したものである。概して関西地方で粽、関東地方で柏餅が多い。

春の彼岸には牡丹餅《ぼたもち》を食べる。牡丹餅は粳米《うるちまい》と糯米《もちごめ》とを炊き合わせ、熱いあいだに搗いて丸め、餡《あん》または黄粉《きなこ》をつけたり、赤小豆《あずき》をまぶしたが、この赤小豆をまぶしたさまが牡丹の花に似たところから牡丹餅の名がついた。因みに秋の彼岸には通称「おはぎ」と呼ぶ萩の餅を食べる。これは基本的には春の彼岸の餅と同じで、粳米と糯米を混ぜて炊き、すりつぶして小さく丸め、煮た小豆を粒のまままつけたものが、萩の花の咲き乱れるさまに似ているということから萩の餅の名がついた。餡《あん》のほか

に黄粉・胡麻などもつけた。

土用の丑の日は、多くの家で鰻を食べる。百貨店でも「土用鰻」が大量に売り出され、鰻屋もまた大繁盛する。この土用は夏の土用である。だが、土用といえば夏だけではなく、春・夏・秋・冬のそれぞれにある。いま土用といっているが、本来は土旺《おう》で、それがなまったものだといわれる。「旺」は盛んなという意味なので、それぞれの季節のもっとも気の盛んなときということになる。

土用は十八日間（十九日間の年もある）。暦の上で土用とされている日は正確には土用の入りの日であり、この日から気の盛んなときが過ぎると、次の日から季節が変わるのである。だから春の土用が終わった翌日が立夏で、夏の土用が終わった翌日が立秋である。

したがって、立秋の前十八日間が夏の土用ということになる。ちなみに二〇〇九年の土用の入りは七月十九日で、丑の日は七月十九日と三十一日とたまたま二回ある。したがって、立秋は八月七日になる。

冬の土用のころは厳寒で、夏の土用はまさに酷暑のころである。こうした時期には身体が弱るので、栄養のある食事をせねばならないというので、食べられるようになったのが、夏の土用の鰻である。

実際に土用に鰻を食べるようになったのは江戸時代であるが、鰻が栄養あるものだということは、すでに早くから知られており、『万葉集』で大伴家持が「痩《や》せたる人を嗤咲《わら》う歌二首」に、

石麿《いわまろ》に　われ物申す　夏痩《やせ》に　良しといふ物そ　むなぎ取り食《め》せ

痩す痩すも　生けらばあらむを　はたやはた　むなぎを取ると　川に流るな

と詠んでいる。当時、鰻は「むなぎ」と呼ばれ、漢字では「武奈伎」「牟奈伎」と記していた。

鰻ははじめ塩で味付けして食べたようであるが、室町時代の末ごろから蒲焼《かばやき》の方法が生まれた。近江の宇治川産の鰻を丸のまま焼いて、酒と醤油で味をつけ、山椒《さんしょ》味噌などをつけて出された。それを「宇治丸」と呼んだという。それがまた蒲《がま》の穂に似ているところから、「蒲焼」と呼ばれるようになったのである。

この蒲焼ははじめ上方料理としてはやったが、江戸時代の中ごろに江戸に入り、上野不忍《しのばず》池ノ端や深川八幡の門前などに鰻屋が並ぶようになった。このころには、上方では鰻を腹から裂き、頭・尻尾《しっぽ》のついたまま素焼きにしてタレをつける地焼きであったが、江戸では素焼きにしたのをまず蒸して脂をぬき、頭を落として二つに切ってから竹串に刺して焼く方法がとられた。

ところで、土用鰻の風習のひろまったのは、鰻料理が江戸に入ってからであることはいうまでもない。そのおこりについてもっとも有名な説は、神田和泉橋の鰻屋が売れ行き不振で困っていた。そこで馴染みの客である平賀源内に相談したところ、「土用の丑の日の鰻は薬になる」と書いてくれた。これを店の前に張っておくと大いに繁盛したとも、源内が看板をたのまれて、「今日は丑」と書いたのが大評判となったともいう説である。

また、狂歌師大田南畝《なんぼ》（蜀山人《しょくさんじん》）が、土用の丑の日の鰻を食べれば病気にならないという意味の狂歌をうたったことからはじまったという説もあるが、春木屋善兵衛という江戸の鰻屋が大量の注文を受け、子《ね》の日、丑の日、寅《とら》の日の三日に分けて鰻を焼いて保存しておいたところ、丑の日に焼いた鰻だけが色合いも、風味も変わらなかった。そこで、丑の日に焼いた鰻だけを納め、土用丑の鰻の元祖として看板をあげたことにはじまるという話が、『江戸《えど》買物独案内《かいものひとりあんない》』（一八二四年刊）にある。

餅・団子の贈答と献上

八月朔日のことを「八朔」という。旧暦八月一日で二百十日の直前にあたる。いまはたいてい一月遅れの新暦九月一日になっている。「八朔盆」というところもある。一般には一日仕事を休むが、牡丹餅をこしらえて食べるところ、ササギ飯と鰊《にしん》の丸焼きを食べるところ、ネブタ餅（餡餅）を食べるところなどさまざまであるが、この日の餅を「八朔の苦餅」と呼ぶところが多い。それは、ハルゴトの日から八朔まで昼寝をするが、この日で昼寝はやめて、逆にヨナベがはじまるからである。

八朔のことをタノミ、あるいは「タノミ節供」という。それは「田の実」であるとともに「頼み」で、稲の収穫にあたって、一般にユイ（結）と呼ばれる共同労働で田植えをした仲間たちの関係を確認し、感謝するために、互いに初穂を贈りあう儀礼をおこなったからである。だがこの贈答習俗が武家社会におよぶや、封建的主従関係の「頼み」としての贈答儀礼となり、贈答物に馬や太刀を引出物とするようになった。こうした武家社会における馬の贈答が農村社会に逆流し、シンコ細工の馬を贈る習俗になり、「馬節供」の名が生まれた。そして「八朔」といえば、知己・親戚・親方子方間・婚家実家間で、シンコ細工の馬をはじめさまざまな品物を贈答するようになった。

旧暦八月十五日の夜を「十五夜」「名月」あるいは「お月見」と呼ぶことは、ほぼ全国にいきわたっている。都市では、名月が詩歌・俳諧などの好題とされてきたが、一般には月見団子をつくり、萩や芒《すすき》などその時期の成り物を供える。関西から中国地方にかけては、里芋を供え、「芋名月」の名で呼ばれている。

江戸時代には、江戸・京・大坂の町でもみな、机の上に三方《さんぼう》を置き、それに団子をたくさん盛って、花瓶には芒《すすき》をさして供えた。江戸の団子はまん丸であったが、京・大坂では小芋の形に似せて尖らせ、宝珠《ほうじゅ》に似た格好の団子であった。それは豆の粉に砂糖を加えて衣にした。この団子とともに醤油で煮た小芋を供えた。それぞれ十二個を三方に盛り、閏年には十三個ずつ盛った。

今日、亥子祭《いのこまつり》は新暦の十一月亥の日になっているが、本来は旧暦十月亥の日で、この日を祝う行事はほぼ全国に分布しているようである。ことに関西は盛んで、ひとつの節供としておこなわれているところもあり、「亥子節供」の呼び名もある。

公家社会においては、亥（猪）は多産であるところから産育の象徴とされ、この日に亥子餅をつくった。その風はすでに『源氏物語』や『蜻蛉日記』に見られる。

亥子は漢字で玄猪と書いて「ゲンジョ」「ゲンジョウ」と読み、これを誤ってゲンジュウともいった。室町時代に宮中の亥子祭の餅は厳重餅といって、摂津（大坂）の能勢の里から調進させたことが、『禁中年中行事』に記されており、そのことは『摂津名所図会』にも「御玄猪餅調貢《おんげんじょもちちょうこう》、又御厳重《おんげんじゅう》、玄猪餅《げんじょもち》、能勢餅《のせもち》ともいふ」とある。

さて、武士や町民のあいだでの亥の日祝いは、猪の多産にあやかる平安時代の京都の公家の思想と通じることはもちろん、商人は特に多産を繁盛にかけたようである。民間でも佐賀あたりでは、初亥の日を女の亥の日とし、第二を男の亥の日としている。これなどは、女性の多産と、女性が営んだ田植えという神事とを、稲作の繁栄にかけたものであった。

一般に農村では初亥の日を祝い、刈上祭とした。かつては種々の行事があったらしいが、今では亥子餅として新米の餅、または牡丹餅を一升枡に十二個入れて亥神すなわち田の神に供える。そして、子どもたちが藁苞《わらづと》や石で地面を打って回る亥子搗きが主な行事になっている。

冬至は一年で一番昼の短い日で、冬至を過ぎると「畳の目一つずつ日がのびる」といわれる。暦が一般化しない頃には霜月の下弦の日をそれに当てていた。冬至の夜は弘法大師が村々を姿を変えて巡り歩くという伝えも広くあるが、これは霜月二十三日・二十四日の大師講と、来る年の農作豊穣を願う神祭が結びついたものと考えられる。陽の光も弱まり寒さもつのる季節なので、新たな力を与える者の来訪と一陽来復の春を期待するものであったろう。冬至の日には「冬至唐茄子《とうなす》」といって唐茄子や南瓜《かぼちゃ》、柚子《ゆず》、蒟蒻《こんにゃく》、ケンチン汁を食べる風がある。また柚子は一〇八に切って柚子湯をたてて入るとよいなどの伝承がある。これらの風習は中風にならぬとか、風邪をひかないなどの効験が信じられているが、恐らくこれらの野菜類は祭の供物であったと考えられる。

中国大陸、朝鮮半島、日本にしかみられない東アジア温帯固有の果樹である柿。とりわけ日本人は古くからその実を好み、重宝してきたようで、縄文遺跡からも柿の種が出土している。柿の実が熟して、それをもぎとる際には、せめて最後の一つだけを残しておくという言い伝えは、奥ゆかしくて風流な感触があるためか、広く知られているようだ。

柿の実を全部とってはいけない理由としては、一般には鳥の餌にするためだという説明が多い。自然の恵みを人間が独り占めしないで、他の生き物にも分け与えよという精神の教えとでもいおうか。そうした理由付けも故なしとはいわないが、本来のいわれにはもう少し奥がある。つまり、古代の人たちは柿の木にも霊魂が宿っていると考えた。その木が翌年もまた多くの果実を実らせるためには、霊が一度他界へ行って、再生し増殖してくれなければならない。そこで、柿の霊を他界に運んでくれる烏《からす》のために、霊が宿っている実を残したということになる。

烏をはじめ、さまざまな鳥形が古代遺跡から出土している。その場所の多くが祭祀遺跡であることから見ても、烏が聖なる鳥の一つであったことがうかがえる。

こうして、烏の去来を見計らいながら柿の実を取り、渋柿の場合は皮を剥いて、吊し柿などにして乾す技と骨も女性の力量である。

旬を遊ぶ少女

新春ことに正月は、新らしい年のはじめとして、みな改まった気持でこのときを過ごすが、幼・少女たちはそれに加えて、羽子《はね》つきや手鞠の遊びをし、心を和ましてくれる。そのため「もういくつ寝るとお正月……」と、正月を待ちわびたのであった。

ヒト（一）メ　フタ（二）メ　ミ（三）ヤコシ　ヨ（四）メゴ……この懐かしい羽子つき唄ももう聞かれなくなった。一昔まえでは男児の凧揚げにたいして女児の代表的な遊戯が羽子つきであり、正月がくるのをみな待ちかねたものであった。ムクロジに鳥の羽をつけた羽子と、押絵や描き絵のきれいな羽子板、それは女児にとってもっとも懐かしい遊具であり、また宝であった。

だがこうした羽子板は江戸時代も文化文政（一八〇四〜三〇）以後のものであり、古くは羽子板をコキイタ（胡鬼板）、羽子をコキノコ（胡鬼子）と呼び、羽子板も笏《しゃく》に似たようなすこぶる粗雑なものであったという。栃木県ではいまもコギの名がのこっていて、古い時代の呼び名がうかがわれる。またその勝負をコキノコ勝負といい、遊戯の方法は一つ羽子を二人以上でつく追羽子と、一人ずつついてその回数を競う突羽子とあり、しかも女性専有ではなく男女ともに入り交ってしたものである。

室町時代にいたって蒔絵《まきえ》をほどこした羽子板ができ、ようやく装飾的なものがあらわれ、慶長年間（一五九六～一六一五）にははやくも、金箔・蒔絵・金糸類の羽子板を禁ずる幕令さえみるにいたった。さらに元禄（一六八八～一七〇四）ごろには西鶴の『世間胸算用』に、「十二月十五日より通り町のはんじよう、世に宝の市とはここの事なるべし、京羽子板、玉ぶり、細工に金銀ちりばめ」というほどに装飾的な絵羽子板がひろく市販された。このころから江戸日本橋の本石町や浅草観音の羽子板市は著名になった。それ以後はまた押絵の大羽子板があらわれ、遊女の持物とさえなり、まったく羽子つきとはかけはなれた装飾品あるいは玩具とされ、役者の似顔絵や肖像美人などがもっぱら押絵の題材とされ、近年におよんだ。

だがいっぽうでは庶民のあいだに、本来の羽子板も伝えられ、羽子つき遊びも盛んにおこなわれてきた。伊豆の三宅島では二尺もある細長い形の羽子板に、青竹を小さく切り、片端を細かく割って外に折り曲げ、削り花のような恰好をした羽子を使い、静岡県の一部では小さな竹の筒に青赤の紙をさして羽子にしてついたというし、各地各様の素朴な羽子板や羽子が用いられた。

三宅島では、正月十五日のお毬の神事のとき、ハゴイといって青年男女が集まって羽子をつき合う行事がある。これは羽子遊びが古くは年頭にあたって年占神事としておこなわれたことをしのばせる。信州の北安曇地方では、小正月の鳥追い行事に、クルミの杵で羽子板状の板を叩いてまわり、二十日正月にこの板で羽子つきをすれば、田植に腰が痛くならないというし、同じような風習は信州の随所に見られる。

また江戸時代には、羽子(胡鬼子)が蚊を食う蜻蛉《とんぼ》に似せて作られ、子供に蚊の災を避けるために羽子をつかせたことがその起源であるとする説や、羽子板は元来左義長という正月の災厄払いの行事の呪物であった三角の板が、式台として飾られ、それがもてあそばれて遊戯具になったのだという説も流布されたことがある。

いずれにしても、羽子つきはたんなる遊戯として生まれたのではなく、年頭にあたって一年間の災厄を払う攘災行事、また一年間の吉凶を占う年占行事として生まれた神事の作法であったことが推測される。

戦前までの女の子の、初春の遊びといえば、羽子つきと手鞠がその主なもので、もっとも楽しいものであった。小さい子だと、新しい手鞠を枕もとにおいて、「もういくつ寝るとお正月」と、指折りかぞえて待ったものであるし、大きくなってからも、初春になるといつも思い出す、懐かしい遊びであった。

この手鞠のことが文献に見えるのは、建長四年(一二五二)の『弁内侍日記』であるが、そこには「みな御所へ参りあひ、殿より楓の枝に手鞠を付けて参らせたまひたる」とあり、このときの手鞠は蹴鞠《けまり》の儀式がくずれて、手鞠を楓の枝につけた作り物であったらしい。

それがやがて手で遊ぶ鞠の工夫となり、お手玉の風に用いられ、さらに手鞠をつく遊びが生まれた。それは室町時代のおわりごろだといわれる。そして民間にもひろくおこなわれるようになったのは、江戸時代の中ごろからである。それには理由があった。田舎で棉が作られ、木綿糸が紡がれ、木綿が織られ、木綿の着物が一般のものとなったからである。

木綿以前の麻の時代には、麻糸そのものが木綿糸のように、紅や青の鮮やかな色に染まらなかったし、ふっくらとはしていなかったので、鞠に巻きつけても十分弾まなかった。だが木綿が織られ、しかも各家で手仕事として織るようになると、織糸の端のどうしても布に織れない部分がたくさんできる。この切れ端をつないで巻きあげるようになる。女の子が糸を集めて自分で巻いたり、母や祖母が丹念に巻きあげる。こうして田舎の誰もが鞠を作ることができるようになり、木綿糸の手鞠がひろまり、その遊びも面白くなったのである。

そしてよく弾むようにと、できるかぎり巻きつける糸を多くしたし、芯に綿をまるめて入れたり、リュウノヒゲという植物の緑色の実を包んだり、蜆貝《しじみ》に小さな石を入れて包み、音のするように工夫したりと、庶民の知恵は際限もなくひろがり、女の子のこのうえもない遊び道具となった。

遊び方もいわゆる擣鞠《つきまり》と揚鞠《あげまり》の二種類がおこなわれた。前者は坐って地面に鞠を多くつくことを競い、後者は立って空に向かって鞠を二つ三つ投げ上げて、手に受けてはまた上げるという動作をくり返すものである。それぞれに歌がつき、前者にはやや間の早い歌がつき、後者では鞠の高低によって、歌の節を長くも短くもして調子をとるものであった。

そしてついたり上げたりする数を示すために、数え歌がよく歌われた。十二か月の鞠歌が作られたり、古い民間の歌謡が、それぞれの地方の風情に合わせて、いろいろに歌いつがれていった。江戸では、

一つとや　一夜あくればにぎやかで〳〵
おかざり立たる松かざり〳〵
二つとや　二葉の松は色ようて〳〵
三蓋松は上総山〳〵
三つとや　皆さん子供衆は楽遊び〳〵
穴一小まどり羽子をつく〳〵
四つとや　吉原女郎衆は手まりつく〳〵
手まりの拍子は面白や〳〵
五つとや　いつもかわらぬ年男〳〵
年をばとらひで嫁をとる〳〵
六つとや　無病で帖だ玉章は〳〵
雨風吹どもまだとけぬ〳〵
七つとや　南無阿弥陀仏を手に添えて〳〵
後生願のおぢぢ様御祖母様〳〵
八つとや　やはらよいとや千代の声〳〵
おちよで育てた御子ぢゃもの〳〵
九つとや　爰《ここ》へござれや姉さんよ〳〵

十をとや　年神さまの御かざりは〳〵
だい〴〵かち栗ほんだわら〳〵

というような歌であり、大坂地方では、

山の山のキリギリス／誰と寝てカネつけた／オチョボと寝てカネつけた／オチョボの土産に何貰た、赤い手拭三尺と／白い手拭三尺と／多くの多くのべべかけといた／いつもいつも来る長吉が／ちょっと持って走った／どこまで走った／京まで走った／京、京、京橋橋詰の／紅屋のオカッちゃんよく染まる／これでとうとう一貫貸しました。

の唄がよく歌われた。

贈るならい・かたちを弁える

カミとの交歓

日本人にとって、カミをまつることは遠い祖先以来の伝統である。人々みなそれぞれの村や町あるいはその他の集団で、祭りの場を設けてそこにカミの降臨をねがい、カミと人とが一体となって饗宴し、神人和合の実をあげることが祭りの本義である。このカミが降臨するさい、カミは直接姿を見せることなく、つねに何らかの媒体によってそれに依りつき、人間の世界に臨む。この媒体となるものが依代《よりしろ》と呼ばれ、カミの表象ともなり、また御神体ともなるものである。

このカミの依代には植物・岩石・山岳などがあり、それぞれ神籬《ひもろぎ》・磐座《いわくら》・神奈備《かんなび》と称された。そのなかでもっとも顕著なのが植物で、常緑樹が重んじられ、また季節の草花も依代として用いられる。この常緑樹の代表がほかならぬ榊《さかき》の木である。そして自然の樹枝を立てるのと同じ意味にもとづいた依代として、削り花があり、御幣が生まれた。

祭りの主旨が神霊を慰め和ましめることにあるため、人が好み、つくり得る最高の価値あるもの、財物などを贈って、カミの喜びを得ようとすることは当然であった。今日、直会《なおらい》といえば神祭りの付帯行事であるかのように思われるふしもあるが、本来は祭儀の中枢にあった行事で、酒盛りもまた重要な神事の一環であった。ナオライという言葉ももとはナムリアヒで、カミと人とが共食しあうことを意味したものである。したがって、人が採取あるいは栽培しうる最高のものを、最上に盛り付け飾り付けて供えたのであった。この最高のものというのはいわゆる山海の珍味というものでもなかった。古い時代の人々がもっとも食生活に恩恵を与えられた食料であり、飾り付けもたんに美しく見せるということではなく、それを食した時代にもっとも好まれた調理・調製の方法であり、盛り付けであった。

財物ともされるものの一つが布帛《ふはく》すなわち織物（布地）であった。食物とともに衣服をカミに奉ることも古くからあり、カンミソ（神衣）を奉る神事が伊勢神宮その他にあるし、オンゾ（神衣）マツリという行事も盛んであった。御幣のことを古語でユフシデというが、ユフは木綿という字をあてるように、古い時代は繊維すなわち麻に類した布帛であった。シデは標識の意をもつものであった。また古典に幣をヌサとかニギテ、マイなどとしているが、ニギテもニギタへ（和栲）で、楮《こうぞ》の繊維で織った布をさしている。したがって、古くは棒に布帛あるいは麻などの繊維の束を財物としてとりつけたものが御幣であった。のちに紙が布帛の代りにとりつけられるようになり、今日の御幣の形ができあがる。この紙にもカミへの捧げものの意がこめられていた。

カミに捧げる財物でいえば賽銭がある。正式に神社の内拝殿に昇殿して参拝するときには、神官に御幣をもって祓いをしてもらい、榊の小枝に白紙の四手《しで》をつけた玉串を神前に捧げ、柏手を打つのだが、一般の礼拝殿での参拝では、賽銭をあげて柏手を打つのが普通である。神や仏への参拝は何事かを心に込めて祈願し、また報謝するのであるから、自らの魂を捧げて真剣に祈らねばならない。

それを具体的に示すかたちとして、昔は自分の魂を象徴するものとして石を奉納した。いまも神社の拝殿や境内にはたくさんの石が奉納されている。鳥居に丸い石が多く載せられているのも同じである。だが貨幣経済の時代に入ると、貨幣がもっとも貴重なものとなったので、これを魂の象徴として奉納するようになる。これが賽銭である。銭は一般に丸いので魂をかたどったものと意識したのであった。

礼拝するときの柏手の打ち方にはいろいろあるが、普通は二拝二拍一拝である。この柏手は一種の霊振《たまふ》りで、手を打ち音を発することで神意を喚起させようとするのである。『魏志倭人伝』にも、音を発して空気を振動させて魂を再生させようとする霊振《たまふ》りの作法についての記述がある。いわゆる〝柏手《かしわで》〟である。

人と人との交歓

カミと人との交歓の方式が、人と人との交歓にも用いられてきた。今日においてもめでたいときの贈りものとして、白布（白生地）を贈る風のあるのも、カミへの贈りものとしての布帛の伝統である。帛紗《ふくさ》をかけるのもそうであるし、白布で巻いて麻の緒で括るのも、御幣につけた布帛・麻緒の遺風である。御幣が布帛・麻緒から紙にかわったように、紙の普及によって贈りものを白紙で包むようになり、さらに金封をもって代えるようになった。そして麻緒の代りに水引を用いるようになる。水引は紙縒《こより》すなわち紙である。

水引は良質の楮を原料として漉《す》いた奉書紙や杉原紙を裂いて細い紙縒《こより》を作り、それを数本並べて水糊を引いて乾かして固め、用途に応じてさまざまな色に染めたものである。水引という名称は水糊を引くところからついたものといわれている。水引は染め分けによって紅白・金銀・紅金・白・黒・黒白・藍などがあり、紅白・金銀・紅金は普通の贈物または吉事用で、関東地方では紅白または金銀の染め分け、関西地方では紅白または紅金が一般的である。黒白・白・黒・藍は凶事用で、関東・関西ともに黒と白、藍と白、全部白のものを用いるのが一般的である。結び方は本来結び切りであったが、近年では縁起をかついで婚礼や全快祝い、凶事などには「再びないように」という意味で結び切りにし、吉事には返し結び（結いほどけ）や鮑結《のし》びにするようになった。ほかに片蝶結びや石菖結び、儀式用の相生結び、凶事用の逆鮑結びなどの種類がある。今日もっとも簡略な形式として実際の水引を使わず、代りに包紙・金封に熨斗《のし》と水引とを印刷で表わしたものもあるが、それは江戸時代におこなわれた銀包に水引をかけ熨斗鮑をつけた方式の簡略化である。

ところで、神饌はおのおのの地域において、また各時代において人々の生活を支えたものであった。

その種類は今日では想像もつかないほど多種多様であった。海産物ではことにアワビ・サザエ・イカなどが重宝され、神に供えられた。これらは保存食として乾燥させ、それもまた神饌の肴とされたのであったが、その代表的なものとして、アワビの肉を薄く長く剝ぎ、引き伸ばして乾燥させたものがある。それを熨斗鮑《のしあわび》という。熨斗というのは平らに引き伸ばす意である。この熨斗鮑が神饌として供えられたところから、その形状と用途から永続の意をこめて祝意を表わして贈りものとされ、のちに贈りもののしるしとして包み紙につけられるようになった。その一つの方式として方形の色紙を細長く、上が広く下の狭い六角形に折り畳み、その中に熨斗鮑を小さく切り貼り、贈りものに添えるのである。

贈りものの容器も神饌を盛る容器と同じで、人々が食膳としてもっとも重宝したものであった。それが折敷《おしき》である。神饌の容器には素焼の土器・皿・碗・鉢・高坏、あるいは木製の盆・椀・高杯などさまざま見られるが、木製の曲物容器がもっとも多く、折敷・三方が重要な位置を占めている。折敷は檜の薄板を四ヵ所折り曲げて側板とし、それに底板をつけて方形あるいは長方形にしたもので、古代から食膳の主流を占めたものであった。三方は方形の折敷に三方に孔のあいた曲物の側板を、台として組み合わせたもので、これも古代には食事をする台に用いたのであった。今日も贈りものをするさい、結納や丁寧な作法を要する場合、折敷や三方に載せるのが普通である。これも神饌献供の方式と同じで、カミと人との交歓の作法が、人間社会に敷衍したのである。

こうした礼式作法を女性はよく弁えて、祭事の滞り無きを期したのである。

学び嗜む

寺子屋と女性の手習い

江戸時代において、女性は「才なきを以て徳とする」といわれたことから、学問することを無用のこととされ、向学心があっても学ぶことができず、また技芸を嗜むことができなかったように錯覚しがちであるが、仔細にみると決してそうではなく、女性は意欲をもってそれなりに学び、また嗜んだのであった。

民間の子どもの教育機関としての寺子屋（手習塾）の起源は、すでに室町時代後期に求められるが、江戸時代も元禄のころから広く庶民を対象とした教育の場として急速に普及した。一般に「男女七歳にして席を同じうせず」といわれたが、ここでは男女が机を並べて学習する光景が見かけられたし、さらに「女筆指南」という女子専用の塾もお目見えするようになった。もちろんこうした状況は都市や町場において早く見られ、農村においては農閑期にかぎって寺子屋が開かれることが一般的であった。またその謝礼も現金とはかぎらず、収穫した農作物がその授業料がわりということもあった。

寺子屋ではたいてい男女同席だが、習う内容や課程が進むにつれて、女子だけの場合も設定された。そのさい女子には『女江戸方角』『女消息往来』『女商売往来』がよく教科書として使われた。「××往来」というのは実生活に必要な事柄を、往復書簡の形式でしるした啓蒙的な書物で、一般に「往来物」と呼ばれた仮名まじりの実用書であった。なかでも『女庭訓往来』はいわゆる女性の道徳書でもあった。また、「いろは四十八文字」を書きこなす修練や数字のマスターも修練させられ、「百人一首」などをはじめ古典も教えられた。

こうした寺子屋に通うことを「手習いに行く」といったように、文字を覚え書くことも重要な教課で、「手習いは坂に車を押す如し、油断すると後へ戻るぞ」という道歌があり、文字を覚え書くことは弛むことなく学ぶべきだというのであるが、それは手習いだけでなく、寺子屋での学習すべての教訓とされていた。

こうした手習いによって読書力も養われ、意のある女性は時間を見つけて読書をした。その対象は古典からはじまって女訓書・滑稽本・洒落本などと、わりあいに幅広かった。その本はどうして調達したのだろうか。それには貸本屋の発達があった。江戸時代の中頃には専業の貸本屋が商売として定着し、文化五年（一八〇八）の時点で江戸には六五六軒の貸本屋があったという。普通の貸本屋で一七〇軒ほどの得意先があったというから、貸本屋は一〇万人を越す読者を支えていたことになる。

貸本屋は仕入れた本を背負って顧客を巡り、三日・七日・一五日など日限を決めて見料を取ったという。貸本屋は本を背負って巡るので、大都市だけでなく地方都市にも存在し、町場だけでなく近郊農村にまで及んだので、農村においても読者層が広まったが、読者は男子だけでなく女子にも及び、ときにはその読書力は女子の方が旺盛であったといわれている。この貸本屋の料金は時代・地域・書籍の種類によって異なるが、享保年間（一七一五〜三六）の河内国日下村（現東大阪市）の庄屋を行商先としていた貸本屋は、売り値が三匁六分の『田舎荘子《いなかそうし》』を六分で、すなわち売り値の六分の一で貸していた。

女性の嗜みと教養

ところで、女性は教養を身につけるだけでなく、技術も身につけなければならなかった。それは裁縫である。女性は主婦となると食を管理するとともに、衣を管理するという重要な責務と権限をもった。したがって、普段着・仕事着はもちろんのこと晴着までも縫う技を必要とした。しかも、新たに仕立てることだけでなく、傷んだ部分に継ぎを当てて繕ったり、古着をほどいて縫い直す技もそのうちに含まれていた。こうした裁縫の巧拙がまた嫁の評価にさえなったのである。

こうした裁縫を「針仕事」あるいは「お針」といい、十二、三歳ともなると母親から「裁縫の道」として教えられ、嫁入りまでには一通りの着物を縫って、自らの嫁入りに持って行く着物を整えたのである。そのためまた町や村で「お針のお師匠さん」と呼ばれる裁縫の師匠も現われ、母親に教えられるだけでなく稽古事として裁縫を学んだ。農村においても農閑期の三、四ヵ月だけでもそこに通って稽古する風が広まった。そこでは一つ身長着から三つ身長着、四つ身長着へと、さらに本裁ち長着、袷《あわせ》長着、羽織へと順次難しいものへと進み、四、五年もすると袴や綿入れ丹前、夜具まで縫うようになった。こうして裁縫は女性にとってきわめて重要なものであったため、針・指貫《ゆびぬき》・糸・糸巻・針山・鋏・物差・箆《へら》・針箱・絎《くけ》台・裁板《たちいた》・火熨斗《ひのし》・鏝《こて》などの裁縫用具が整えられ、それは嫁入道具の一つとされた。

実利的な学びとともに、一面では都市の中流以上、農村の上流家庭の子女たちのあいだで、女性の嗜みとして茶の湯・生け花・琴・三味線などの遊芸も習われた。わが国における喫茶の歴史は古いが、「茶の湯」としては禅宗寺院から発展し、村田珠光・武野紹鷗をへて千利休により大成され、利休の跡は三千家（表・裏・武者小路）が継ぎ、とくに裏千家は江戸時代後期に町人層へ普及し、門人を増大させた。

生け花は室町時代後期に京の六角堂（頂法寺）の塔頭池坊の僧が立花の上手として知られて以来、池坊が華道の中心となった。とくに池坊専永は立花の思想背景に儒教を取り入れて、立花発展の基礎をつくった。この立花が江戸時代後期に生け花へと発展し、武家や上層町家の子女教育の一環ともなり、諸流諸派ができたのであった。

こうした茶の湯や生け花のお師匠さんは、江戸時代末期になると都市においては随所に出現し、それはしだいに農村にまでおよび、世間で「良家の子女」と呼ばれるような家庭の女子たちは、茶の湯・生け花を学び、ときには両者を一緒に学ぶ風もあった。明治以降になると一般教育の普及とともに、茶の湯・生け花を習う女子はしだいに多くなった。

また、江戸時代初期に雅楽合奏の一楽器だった琴が独立楽器となり、生田流・山田流の二大流派が隆盛をきわめ、もともと沖縄から伝えられた三味線が、江戸の庶民遊芸のもっとも重要な伴奏楽器として、さまざまな分野で演奏されるにしたがって、琴とともに庶民の女子のあいだでも一つの嗜みとして学ぶものが多くなった。さらに、歌舞伎踊りの盛況とともに女性のあいだで踊りが大切な素養とされたり、歌舞伎踊りの伴奏として発達した長唄も、元禄から享保にかけて盛んに嗜まれた。

和歌の伝統の継承

庶民の女性といえども、今日からみて思いもつかない教養を身につけていた。その一つに和歌がある。なかには和歌の上達を願って、神社に「三十六歌仙図」絵馬や「六歌仙図」絵馬を奉納するものも多かったが、一般には百人一首を諳《そら》んじることであった。そのため百人一首諳誦の上達を願って、「百人一首図」絵馬を奉納する風も多かった。それは女性が奉納し、百人の歌人とその和歌を描いたもので、奈良県の橿原市見瀬町の牟佐坐《むさにいます》神社、兵庫県宍粟《しそう》郡一宮町の御前《みさき》神社の絵馬は完形のもので知られているが、大阪府の和泉地方の神社にも一部欠損があるものの、多く伝えられている。

この百人一首絵馬の奉納には理由があった。大阪の和泉地方の場合、大阪湾に面して多く漁業を営み、男子は漁に出て、女子は畑仕事に精を出す。そうした時、子供の守りをするのは主婦権を譲った老女の役であった。そうした老女たちが子守りをしながら集まるところといえば、氏神の境内であったが、そこでは嫁の自慢や逆に悪口の言い合いをすることもあるが、楽しみは百人一首の諳んじ合いであった。そうして皆が百人一首を諳んじ、さらに上手な詠み合いを競ったのであった。そこで老女たちは百人一首の諳詠上達を願って、「百人一首図」絵馬を奉納したのである。それも時には一人が一面を奉納するということにして、同輩皆で百面を充足させて奉納したのである。これらの絵馬は弘化年間（一八四四〜四八）奉納のものが多いので、幕末に百人一首が農・山・漁村の女性のあいだに普及していたことがうかがわれる。こうした老女の和歌への関心は、次の世代の主婦たちへと継承されたのである。

また、百人一首ばかりではなかった。彼女らは歌舞伎芝居や人形浄瑠璃を通じて、『太平記』や『源平盛衰記』の世界から、西鶴・近松の世界にも通じていた。氏神の祭礼の折や農閑期には役者がやって来て芝居を演じたり、ところによっては村の若衆による地芝居が演じられたり、また阿波から人形遣いがやってきて人形芝居を演じる。これらを観ることがまた唯一の娯楽であった。そこで演じられるのは多くが『太平記』や『源平盛衰記』などに書かれている物語や、近世の文学作品に書かれた話であった。したがって、これらの芝居に共鳴し、感激してそれぞれの場面が脳裏に刻み付けられた。だから中世・近世の文学作品を読まずとも、その内容は会得していて、その話は何人か寄れば語り合い、また家族の中でも語り合えたのであった。

子弟を教育する

家庭教育を担った女性

わが国における庶民の教育は、寺子屋から学校へと教育施設はできても、基本は家庭教育で、その家庭教育を大きく担ったのがほかならぬ女性であった。その教育は時を定めることなく、臨機応変に時折々に行われた。それはまた改まった徳目至上主義ではなく、先祖から受け継がれてきた長い生活経験の中からしぜんに生み出された〝諺《ことわざ》〟をもって、ときに褒《ほ》め、ときに窘《たしな》めるものであった。かつての女性は、そうしたさまざまな諺を上手に使い分ける能力をもっていた。それが大きな効力を持っていたのである。

仮に誰かの行動を非難したり批判したりする場合にも、普通の言葉ではトゲが立って、かえって反感をかい逆効果になることさえある。しかし、諺によると、非難や批判をあけすけに言わず、笑いを誘いながら目的を達することができる。しかも、身にしみてこたえ、記憶もしやすかった。諺は庶民の社会では大きな教育的役割も果たした。

昔は日常生活のあらゆる場で、シツケは反復して行われた。文字で書いた教科書というようなものは特別にはなく、生活の実践のなかからあらゆる教材を得たのであった。言葉、動作、態度について知識の面からも技術の面からも、その都度《つど》、褒めるべき時には褒め、非難すべき時には軽妙適切に非難した。

こうした風潮によって、子供にしても若い衆にしても、祭りや酒盛りというくだけた場においても、人に劣らぬよう、はずかしくないように行動する心がけが養われたのであった。じつに愉快に自然のままに道徳教育が行われたのである。

「まるい卵も切りようで四角、ものも言いようで角が立つ」。言葉というのはじつにむつかしい。使いようによっては人と人とのあつれきを生じさせることがある。反面、巧みな話術によって人間関係を円滑にすることができる。

たとえば旅に出る。途中で道づれができる。「旅は道づれ世は情け」と言う。他人だという気持ちがだんだんうすれてくる。他所の土地に行く。自分のいままでの生活の習慣と趣きが異なる。そこで「郷に入れば郷に従え」と言われると、同じ気分にとけこめるような気がする。ご馳走《ちそう》が出る。遠慮していると「逢うたとき笠ぬげだ」と言われる。遠慮しようとする心が自然にほぐされる。こうして諺を一つの契機として、行動の調子が合ってくる。

現代においても、知らず知らずのうちにそのいくつかは用いられ、日常生活に生かされている。大阪商人の商法の一つとして、大阪でよく使われた「損して得とれ」をはじめ、「善は急げ」「稼ぎに追いつく貧乏なし」「人のふり見てわがふりなおせ」「三人寄れば文殊《もんじゅ》の知恵」などの一般的教訓的なものから、実際やりもしないのに計画だけをとくとくと述べたりすると、「捕らぬ狸の皮算用」と戒め、「柳の下の泥鰌《どじょう》」と注意する。またできもしないことを調子よく言うものには、「蒔かぬ種は生えぬ」と応じ、不可能なことには「提灯で餅を搗く」と批判する。

そして、村の寄り合いなどでも現実から浮き上がった議論になれば、「足もとを見て物を言え」と長老からたしなめられると、たいていは本筋に話がもどって、まとまるものであると古老は言う。

仕事のうえでも、まして共同を必要とする場合、にぶい者や怠け者がまじると全体の能率が低下する。一向に役立たない仕事には、「籠で水を汲む」といい、段取りのちがった順序の逆な仕事にたいしては、「餅食うて火にあたる」。何でもあわててしたり、物事を先走るものには「山の芋を蒲焼きにする」。事にあたってほんのわずかなことでも大げさな仕事をするものには、「政宗《まさむね》で大根を切る」。急ぎの用に役立たない時は「盗人を捕らえて縄ない」などといった。

口だけ達者で、あまり仕事のはかどらぬ者には「話し上手に仕事下手」。いつも肝心のところが抜ける者には「歌物語の歌忘れ」。何をさせても役に立たないのに出過ぎる者には「しいな穂の先走り」。のろまでぐずぐずして一向に仕事がはかどらないと「下手の道具調べ」。何事にしても自分勝手で、ずるい者は「人の太刀《たち》で巧名」、口うるさい者には「とらずの関取」など多種多様の諺がある。日常生活全般にわたって、これら軽妙な諺が作られていたのである。

昔のひとは、さまざまの諺を臨機応変に使い分ける能力を持っていた。そしてこれが大きな効力を持っていた。

「いろはかるた」の教え

ところで、こうした諺の数々を、楽しみながら自然に覚えることのできるものとして、「いろはかるた」を先人たちはつくり上げた。江戸時代の末に上方から起ったともいわれる。四十八文字の諺形式の読み札《ふだ》とそれに対応した絵札とからなる「いろはかるた」も、その読み札に込められている処世訓や喩《たと》えが機知に富んでいる。まさに生活全般にわたる教訓的諺の集成ともいえる。

㋑
江戸　犬も歩けば棒にあたる
大坂　一を聞いて十を知る
京都　一寸先は闇

㋩
江戸　花より団子
大坂　花より団子
京都　針の穴から天井のぞく

㋺
江戸　論より証拠
大坂　六十の三つ子
京都　論語読みの論語知らず

㋥
江戸　憎まれっ子世にはばかる
大坂　憎まれっ子神直し
京都　二階から目薬

ほ

江戸　骨折損《ほねおりぞん》のくたびれ儲《もう》け
大坂　惚《ほ》れたが因果
京都　仏の顔も三度

へ

江戸　屁をひって尻つぼめ
大坂　下手の長談義
京都　下手の長談義

と

江戸　年寄《としより》の冷水《ひやみず》
大坂　遠い一家より近い隣
京都　豆腐にかすがひ

ち

江戸　塵《ちり》もつもれば山となる
大坂　地獄の沙汰《さた》も金次第
京都　地獄の沙汰も金次第

り

江戸　律儀者の子沢山《だくさん》
大坂　綸言《りんげん》汗のごとし
京都　綸言汗のごとし

ぬ

江戸　盗人の昼寝
大坂　盗人の昼寝
京都　糠《ぬか》に釘

る

江戸　るりもはりも照らせば光る
大坂　類をもって集まる
京都　類をもって集まる

を

江戸　老いては子にしたがえ
大坂　鬼の女房に鬼神
京都　鬼も十八

わ

江戸　割鍋《われなべ》にとぢ蓋《ぶた》
大坂　若い時は二度ない

京都　笑う門《かど》には福来《きた》る

(か)
江戸　かったいのかさうらみ
大坂　かげ裏の豆もはじけ時
京都　蛙《かえる》のつらに水

(よ)
江戸　よしのずゐから天井のぞく
大坂　よこつちで庭を掃く
京都　夜目遠目傘のうち

(た)
江戸　旅は道づれ世は情け
大坂　大食上戸《たいしょくじょうご》の餅《もち》食ひ
京都　立板に水

(れ)
江戸　良薬は口に苦し
大坂　連木で腹を切る
京都　連木で腹を切る

(そ)
江戸　惣領《そうりょう》の甚六《じんろく》（順禄）
大坂　袖《そで》ふりあふも他生の縁《えん》
京都　袖ふりあふも他生の縁

(つ)
江戸　月夜に釜をぬく
大坂　爪に火をともす
京都　月夜に釜をぬく

(ね)
江戸　念には念を入れ
大坂　寝耳に水
京都　猫に小判

(な)
江戸　泣面《なきつら》に蜂《はち》
大坂　習はぬ経は読めぬ
京都　なす時のえんま顔

(ら)
江戸　楽あれば苦あり

大坂　楽して楽知らず
京都　来年の事をいへば鬼が笑ふ

(む)
江戸　無理が通れば道理ひっ込む
大坂　無芸大食
京都　馬の耳に風

(う)
江戸　嘘から出た誠
大坂　牛を馬にする
京都　氏《うじ》より育ち

(ゐ)
江戸　芋の煮えたの御《ご》存知《ぞんじ》ないか
大坂　ゐり豆に花が咲く
京都　鰯《いわし》の頭も信心から

(の)
江戸　咽元《のど》過ぎれば熱さ忘るる
大坂　野良の節供働き
京都　のみといへば小槌《こづち》

(お)
江戸　鬼に鉄棒《かなぼう》
大坂　陰陽師《おんみょうじ》身上知らず
京都　負ふた子に教えられて浅瀬を渡る

(く)
江戸　臭いものには蓋をする
大坂　果報は寝て待て
京都　臭いものには蝿《はえ》がたかる

(や)
江戸　安物買ひの銭《ぜに》失ひ
大坂　闇《やみ》に鉄砲
京都　闇夜に鉄砲

(ま)
江戸　負けるは勝ち
大坂　待てば甘露の日和《ひより》あり
京都　播《ま》かぬ種は生えぬ

㋘
江戸　芸は身を助ける
大坂　下戸《げこ》の建てた蔵はない
京都　下駄《げた》に焼味噌

㋫
江戸　文はやりたし書く手は持たぬ
大坂　武士は食はねど高楊枝
京都　武士は食はねど高楊枝

㋙
江戸　子は三界の首っがせ
大坂　志は松の葉
京都　これに懲《こ》りよ道斉坊《どうさいぼう》

㋓
江戸　えてに帆を上げ
大坂　閻魔《えんま》の色事
京都　縁の下の力持ち

㋢
江戸　亭主の好きな赤烏帽子《えぼし》
大坂　天道人を殺さず
京都　寺から里へ

㋐
江戸　頭かくして尻かくさず
大坂　阿呆につける薬がない
京都　足の下から鳥が立つ

㋚
江戸　三遍まはって煙草にしょ
大坂　さはらぬ神に崇《たたり》なし
京都　竿《さお》のさきに鈴

㋖
江戸　聞いて極楽見て地獄
大坂　義理とふんどし
京都　義理とふんどしかかねばならぬ

㋴
江戸　油断大敵
大坂　油断大敵

京都　幽霊の浜風

ⓜ
江戸　目の上のたん瘤《こぶ》
大坂　目の上の瘤
京都　目くらの垣のぞき

ⓜ
江戸　身から出た錆《さび》
大坂　身うちが古み
京都　身は身で通る裸ん坊

ⓢ
江戸　知らぬが仏
大坂　尻食への観音《かんのん》
京都　しはん坊の柿の種

ⓦ
江戸　縁は異なもの味なもの
大坂　縁の下の力持ち
京都　縁と月日

ⓗ
江戸　貧乏ひまなし
大坂　貧相の重ね食い
京都　瓢箪《ひょうたん》から駒《こま》

ⓜ
江戸　門前の小僧習はぬ経を読む
大坂　桃栗三年柿八年
京都　餅屋は餅屋

ⓢ
江戸　背に腹はかへられぬ
大坂　背戸の馬も相口
京都　聖は道によりて賢し

ⓢ
江戸　粋は身を食ふ
大坂　墨に染まれば黒くなる
京都　雀百まで踊《おど》り忘れず

㊁
江戸　京の夢大坂の夢

大坂　（なし）
京都　京に田舎あり

子どもの成育を願う

絵馬に込められた願い

女性は結婚すると胎内に新しい生命の宿ることを願い、やがて月満ちて安泰に誕生することを切に願うのが常である。それには真摯な心情がうかがえるものであった。奈良の町から柳生の里に通じる途次、忍辱山《にんにくせん》に円成寺《えんじょうじ》という寺がある。春日造社殿に両廂をつけた阿弥陀堂、楼門はもとより、本尊阿弥陀如来をはじめ、数多くの仏像がずらり重要文化財で、鎮守の春日堂、白山堂は日本最古の春日造社殿で国宝という。すばらしい寺であるが、その中でひときわ珍らしいのが南無仏太子像である。この像は聖徳太子の二歳像で、鎌倉時代の延慶二年（一三〇九）に造られた、身丈七、八〇センチの像である。これだけならば他にも見られるが、その小さな胎内に、僧侶はもちろん一般世俗の人たち百二十余人によって筆写された法華経・維摩経・勝鬘経・華厳経・般若心経などのお経をはじめ、さまざまの願文が納められていることは、他に類例を見ない。

ところで、その願文を見ると一二〇のうち三〇以上が安産の願いであり、世の母親の願いを如実に物語っている。いつの世にも子供が無事にこの世に生まれてくるように、生まれたならば聡明ですこやかに育つようにというのが、ただ一つの母の願いであった。この胎内願文に通じるような事例は、形を変えて他にも随所に見ることができる。

奈良の興福寺南円堂の北側に「一言観音《ひとことかんのん》」と呼ばれる観音堂があって、参詣者のあげる線香の煙が絶えない。どんな難しいことでも一言だけは必ずその願いを叶えてくれる観音様というので、近在はもちろん広く上方に信仰者をもっている。そしてここには夥しい数の小絵馬が掛けられていた。その絵はまた安産・育児上の願いが大部分を占めていた。

たとえば、牛が草を食べている絵がある。これはかつて子供のあいだによくできて困った瘡《くさ》を草になぞらえて、牛に食わせて子供の瘡を平癒してもらおうとする絵馬である。月代《さかやき》すなわち髪を剃ってもらうことを嫌う子供も多かった。昔はみな子供の髪は剃刀《かみそり》で丸坊主に剃ったので、とくに子供は嫌がったのである。関西で非常に厄介な仕事が終ったときに使う言葉に、「坊さんの月代《さかやき》」というのがあるのもそのことを物語っている。このようなとき、子供が素直に月代してもらっている絵を絵馬に描いて、願いを込めて奉納した。入浴嫌いを治すためにもまた、一言観音に願を掛けて、風呂好きになるようにと、子供が一人で喜んで入浴している絵の絵馬をあげた。なお、母親と一緒に楽しく入浴している「母子入浴図」もある。また鶏の絵馬もある。これは子供の夜泣きを止める祈願にあげる。鶏は夜は鳴かないということからの絵馬である。また「鳥目」ということから、夜盲症にかかった子供があると、同じように鶏の絵馬をあげるし、そこからだんだん拡大されて、小児の育児上の一切に御利益があると信じられて鶏の絵馬が奉納されることもあった。

大阪では住吉に月代《さかやき》地蔵という地蔵があって、やはり子供の月代嫌いを治してくれるというので、月代絵馬がたくさん奉納されたし、下寺町あたりでも、入浴嫌いを治すために小児入浴図の絵馬を奉納するところがあった。四天王寺境内の牛神堂にも、瘡の平癒を祈願してたくさんの牛の絵馬が奉納され、同じく四天王寺西門を入ったところの布袋《ほてい》様は、乳の神様だと信仰され、乳のありあまる母親は「乳預け」に参り、育児上乳の足りない母親は「乳貰い」に参る。そのさいそれぞれ願掛けをして絵馬を奉納する。その絵は丸髷の婦人が衿をはだけて乳を出している点は共通しているが、大きな椀を受けて乳をしぼり出しているもの、乳が噴水のごとく飛び散っている図、さらに子供がそのさまを見て欣喜雀躍している図、子供を抱えて乳を飲ませている図など、実にバラエティーに富んでいる。

鬼子母神と地蔵尊

また、日本人の信仰する数多くの神仏のなかでも、安産・育児を司ってくれるという特定の神仏がたくさんある。その代表が鬼子母神と地蔵尊である。奈良の東大寺二月堂下の若狭井のそばに祀られている鬼子母神には柘榴《ざくろ》の実を描いた絵馬が奉納された。鬼子母神は千人の子を生んだと伝えられる多産の神であったので、子供が生まれるように、また安産であるようにと祈願し、柘榴は人間の味がするし、またいっぺんに非常にたくさんの実をつけるところから、この絵馬をあげるようになった。なお、鬼子母神の神像も手に柘榴を持っている。

地蔵尊は全国いたるところに祀られている。地蔵は冥界と現実界との境界に立って人を守ってくれるという考え方から賽《さえ》の神、すなわち境の神として信仰されるとともに、常世《とこよ》の世界から現実の世界に生まれてくる子供を、その境に立って守ってくれるとし、子安地蔵が全国的に信仰された。とくに地蔵さんは女性、すなわち母親が参るべきものとされ、地蔵さんを祭る毎月二十四日の地蔵講も母親の講とされているところがほとんどである。こうした地蔵さんに祈願して奉納する絵馬は、地蔵像を描いた絵馬が一般的である。

子供が成人しても母親にとってはいとおしい。ことに娘の場合はひとしおである。そのため娘が美人になりますように、白膚の美形であるようにと、埼玉県大宮市宮の平の和田神社には相撲の絵馬が奉納された。白膚の力士と赤黒膚の力士が土俵の上で四つに組んでいる図で、白膚の力士が勝つように、すなわち容色がよくなるようにと願って奉納するのであった。さらに良縁を得ることを祈願する、大阪の住吉大社境内に祀られる「おもと社」は縁結びの神として知られ、ここでは縁付きのおそい娘をもつ母親が、蛤《はまぐり》の絵の絵馬をあげて願を掛ける。貝は合わさってとじるところから結合を意味するという。蛤をもって縁結びの図とするところはほかにも見られる。縁結びの神といえば島根の出雲大社が随一であるが、ここには青と赤色の二つの楕円形の輪が交叉した図の上に「心」という字を墨書した絵馬をあげた。おそらく二つの輪はそれぞれ男と女をあらわし、二つが絡み結びついて一つの心になる、すなわち夫婦になることをあらわしたのであろう。

こうした安産、子育て、縁結びに関わる祈願の絵馬は、そのほとんどが母親による奉納である。そうした本来の絵馬は願文も氏名もいっさい書かず、ただ「寅歳女」というように、干支と性別のみを記したのであった。それでもう、神仏は願掛けの人と事柄を知ってくれるものと信じられていた。すなわち、神仏と人間との密なるコミュニケーションが成り立っていたのである。

その図柄はまず祈願者すなわち母親自身の発想がもとになる。自らの悩み事を直截的でありながらしかもおおらかに、一種の謎解きのように、心のうちなる思いを図像として具象化したのであった。それに同じ悩みをもって願掛けをするものが共感し、そうした人々のあいだに広まって共通の理解がなされ、その図像のアイデアとパターンが定型化されて伝統的に共有され、さらに慣行的に伝承されたのである。したがって、同じ図柄の絵馬を奉納する人は、同じ悩みをもっているのである。しかし、お互いにそれがどこの誰であるかはわからない。そのことによってまた、同じ図柄の絵馬がたくさん奉納されているのを見て、自分と同じ悩みをもつ人がこれだけたくさんいるのかと、ささやかな安堵感をもったのであろう。なお、そうした同じ図柄の絵馬がたくさん奉納されると、個人が絵筆を揮うのはたいへんなことから、絵心のある人や神具・仏具屋が同じ図柄の絵馬を大量に描くようになり、さらに印刷化されて画一的なものにもなったのである。

呪物に託す祈り

寺院の仁王門や山門などに、底抜柄杓《そこぬけびしゃく》がたくさん掛けられている光景を目にすることがある。それは安産祈願の呪物である。柄杓は小さな円形曲物容器に、斜めに柄を差し込んだもので、それは水を汲むのに用いるために作られたものであるが、中世から近世にかけては勧進聖《かんじんひじり》や仏餉取《ぶつしょうとり》が喜捨を受け取るための必須の具ともされていた。喜捨や神仏に捧げる賽銭は、人間が心を込めて捧げるものなので、人間の霊魂の代わりであるところから、柄杓は霊魂の容器との意識もあった。古代・中世において柄杓の曲物容器の部分が蔵骨器として用いられていたことも、そうした人間の心意を物語っている。

ここで想起させられるのが、室町時代の「たなばた」と呼ばれる物語の初本とされる『天稚彦《あめわかひこ》物語』である。この物語はアメワカミコを慕って昇天するヒメキミの話で、後世の七夕の主人公織姫と牽牛《けんぎゅう》の物語となるのであるが、その中にヒメキミが「一夜ひさごにのりて、空へのぼらんとおもふに……」という件があり、昇天しつつあるヒメキミが手に柄杓様のものを持っている挿図が描かれている。すなわち「一夜ひさご」を持ったヒメキミは死出の旅路にあり、ここでいうヒサゴすなわち柄杓は現世と他界の懸橋であり、その容器は霊魂の容れ物としての意味をもつものと考えられる。

したがって、柄杓の底を抜くということは生誕する新しい生命、すなわち他界から現世にやってくる霊魂が滞ることなく、すっと現れるようにという心意を表出する呪術であるといえる。

美を求める

畳と裾模様の美学

平成の時代に入ったころから、人々の畳にたいする郷愁が高まってきた。第二次世界大戦の敗戦後二十年、高度経済安定成長が右肩上がりとなり、それに加えて昭和四十七年（一九七二）からの「列島改造」によって、都市化の進展とともにマンションブームの風潮を迎え、一戸建住宅も洋風化が進んだ。そうした西洋風近代住宅はきわめて合理的・機能的として理想的な居住空間とされてきた。しかし、ここ十年余り前から洋間の一部に三畳なり四畳半の畳のコーナーを設けるユニットが出現した。それは通信販売やスーパーマーケットでも大々的に宣伝され、販売されて広く需要されている。それは藺草《いぐさ》のもつ爽やかな感触を呼び起こさせて人々に迎えられた。それにともなって畳表にへりを付けた茣蓙《ござ》も売り出され、それも人々に迎えられている。

こうしたことは日本人の畳にたいする意識・習性とも大きくかかわっている。畳はまさにタタミで、本来は常に敷いたものではなく、ふだんは板床で、農家などでは神事をはじめハレの日や、特別の来客のさいに薄縁《うすべり》や筵《むしろ》などのような敷物を敷いたのであったが、のちに藁を束ねて組む束並《つかなみ》に畳表をとじつけるいまの厚床ができたのである。この厚床の畳を床一面に敷きつめるということは近世になってからのことであり、都市においてもこの状況は同じであった。このように畳というものは本来ハレの日の敷物であり、それゆえに清浄な場とされたのであった。だから桃の節供の雛飾りも、かつては畳の上に直《じか》に並べて飾ったし、お茶の作法で畳に直に茶碗や菓子器や茶道具を置くのも当然のことで、それは決して礼のはずれたことではないし、また書物をひろげたり、紙をひろげて字を書くのも、そこが清浄な場であったからである。

茶道では当然のことであるが、一般にも「畳の縁《へり》を踏んではいけない」と諭されるのは「畳割り」という言葉があるように、畳は一枚が単位でそれが一つの座であったから、その清浄な座の結界を踏むことを忌んだのである。だからふだん外から帰ってきて床上に上がるときには、かならず足の裏を拭く習慣があり、かつては上框《あがりかまち》にはいつでも足が洗えるように、足洗い用の盥《たらい》がおかれていた。したがって畳はたえずきれいにしておくために、毎日乾拭《からぶ》きがおこなわれた、これが掃除のなかでもっとも重きがおかれ、また苦行であった。

畳は清浄なものであったため、着物も畳の上をひきずって歩いてもあたりまえであった。『守貞謾稿』も江戸では極貧の家以外、女は裾をひくと書いている。この畳の清浄さとマッチさせることに美があった。今日婦人の礼装に遺っている裾模様は、畳と一体になって美を生み出すことから出たデザインであった。畳は居住空間の中で、一つの大きな美的空間を生み出す装置ともなっていた。ここに「畳の美学」があったのである。

昔の着物はみな丈が長く畳の上では裾をひきずっていて、外へ出るときには地面にひきずらないように裾を持ち上げて歩いた。今日色街の芸妓や舞妓の着付けと起居《たちい》振舞にその情景を見ることができる。ふつう足袋は白いものをはくが、これももとは裾の中に隠れているもので、本来下着の一部であった。それがいまや表面にあらわれて、独立した一つの衣裳となっているが、白色を用いるのも、もとはそのためであった。今日、和服の丈が短くなったのではなく、昔のままの長い丈で、わざわざ端折《はしょ》って帯にはさむのも、和服のもとの姿をとどめているものである。引き裾の着付けから帯と紐で吊る端折りの着付けになったのは、まず文明開化で洋館に住みだした上流階級からであり、東京の中流以上の家庭では明治の三十年代に一般的となった。

ところで、裾模様というのは和服の裾の部分に模様をおいたもので、仕立てたときに全体が連続した一つの絵になるように模様を施している。こうした絵羽の模様をつけた着物を裾模様と呼ぶようになったのは正徳年間（一七一一〜一六）のことだといわれる。この頃は友禅《ゆうぜん》染が発達し、それが美しい絵羽模様をつくり出したのであった。その後、江戸の粋好みや帯の発達によってしだいに模様が裾の方へと移り、宝永年間（一七五一〜六四）には八寸模様（裾から八寸）・五寸模様（裾から五寸）・三寸模様（裾から三寸）となった。さらに明和年間（一七六四〜七二）になると、裏模様といって袖口・裾廻しなどに模様をおくとともに島原褄・江戸褄など衽《おくみ》を中心に描かれるようになり、粋な着物として晴れがましい時の着物として着こなされたのであった。こうした裾模様もやはり女性の美意識から生み出されたものであったことは想像に難くない。

こうした裾模様と畳の一体化する空間というのは、人間の座位の高さまでである。すなわち畳に坐って目の高さから畳までの空間である。ここにはじめて清浄な畳に裾模様が映えて見られるのである。このことは部屋の明かりをとる灯火具にもみられる。各種の灯台・行灯《あんどん》はみなこの空間を照射する高さなのである。床の間の掛軸も生け花も、坐った姿勢での目の高さに中心がおかれている。したがって、日本人は畳に坐るという姿勢が根本になっている。いまも電車に乗ると座席に正座して坐っている老婆を見かけることがあるが、これも日本人の坐りの習性のあらわれである。

菱刺しと裂織の美

「みちのく」の女性たちは、自らの才覚と美意識によって、「菱刺し」「裂織《さきおり》」というすばらしい布を生み出した。その背景には北前船の活躍があった。近世の海運は年貢米の輸送を中心として成立したが、しだいに民間の商品の輸送も増加し、特に寛文十二年（一六七二）に開通した西廻り航路による海運はめざましかった。なかでも北前船の活躍は海運史に新たな局面を招くものであった。この北前船の上方から蝦夷地方面への下り荷は、主として酒・紙・煙草・米・木綿・砂糖・塩・筵などで、そのほか伊万里や九谷などの陶磁器も運ばれた。上り荷は鰊《にしん》・身欠《みがき》・魚油・数の子・フノリ・昆布・

干鰯《ほしか》・鰊〆粕《にしんしめかす》などの海産物が主であった。なかでも干鰯は大和・河内・和泉の綿作の肥料となって生産高をあげ、そこで織られた綿織物や木綿の古着は、北前船で東北地方に送られた。

東北地方はその自然条件から木綿は産出されず、もっぱら藤・麻の繊維で布を織って用いていた。この麻布の着物は夏の間はよいが、冬になれば寒気が肌を刺し、また擦り切れやすかった。そこで麻布を長持ちさせ、暖かさを保つために、目の粗い麻布を上方から移入された白木綿糸を使って刺し綴ったのである。なかには麻布を表にして裏地に木綿の古手《ふるで》を重ね、白・黒の木綿糸を刺し綴ったものもある。多くは菱形文様が基本で、その中でさまざまの図案が刺し込まれていて、素晴らしいデザインである。それは南部・津軽によって地域的特色があり、南部では「菱刺し」、津軽では「こぎん刺し」と呼ばれている。

また、緯糸に細く裂いた古木綿を使った織物も考案された。それは古木綿を裂くときに、布端を切り落さず、一本の紐になるように繋げて長く連らね、縒《より》をかけ、麻・藤などの繊維を経糸にし、それに裂いた古木綿を緯糸として織り込むものである。裂布を織り込んだ織物なので「裂織《さきおり》」と呼ばれる。そのさい緯糸とする裂糸は、はじめは紺であったが、木綿の色染めが豊富になり、紺・茶・黄・紅と多彩になるにしたがって、裂布の色彩も豊富になった。それらを裂織を織る女性たちの美的感覚で上手に織り込み、綺麗な柄の織物を作り上げたのである。

こうした菱刺しや裂織は晴着にも用いられるが、多くは普段着・仕事着として用いられた。菱刺しには三幅前掛がある。両端二幅に紺色の木綿布、中央の一幅に浅葱《あさぎ》色の麻布を配し、多くはそれに白の木綿糸で菱形の文様を刺し綴っていて、その色合いがまた素晴らしい。菱刺し・こぎん刺し・裂織はみちのくの女性の美の演出といえるであろう。

露地の美学

中世末以来、都市において商工業が発達し、人口の増加および居住の集中によって、土地の利用価値が増し、街道内の未使用地の活用がすすみ、京都や奈良で辻子《ずし》が発達し、今日も「辻子」の地名が随所に見られる。そこに裏店《うらだな》が発生し、借家住人の生活空間が成立したのである。それは多く表通りと表通りの間に形成されたので、表通りと表通りをつなぐ通路ができる。その通路に面して両側に借家長屋が並んだ。それがほかならぬ露地であった。京・大坂では「抜け露地」、江戸では「抜け裏」の呼称があった。もちろんこの露地はたんなる通路ではなく、共同井戸・共同流し・共同便所・塵芥箱などの諸施設が設けられ、洗濯場・物干場、子どもの遊び場など、多種多様の機能を備えた生活空間であった。

こうした露地はいつも綺麗に整備されていた。男性は諸職手仕事などを業とするのが多いため、もっぱら各家の女性たちが露地の空間の整備をおこなった。それは女性の美意識と勤勉によるものであった。そうした露地の美的整備の一つに、各戸の前に狭い通路をはさんで両側の軒下に並べられた盆栽や鉢植があった。その配置は狭い露地に差し込む日照の動きをうまく勘案したもので、常に緑をたたえ、季節に応じた花が咲き、太陽の光りに映え、それにまた気を配った遣り水《や》があり、そこを通る者の心を和ましめる。さらに夕方ともなれば通路に水が打たれ、清涼な雰囲気を漂わす。さらにまた女性たちは旬を知り、旬を象徴する花の鉢植えを配したのであった。その一つが朝顔であり、朝顔は露地の夏の顔ともいえる。それに着目したのも女性の美意識と旬にたいする感覚であった。

朝顔の原産地は南中国からヒマラヤ、ネパールの山麓地帯か、あるいはボルネオ、セレベスなどの東南アジア地域と推定されているが、日本の朝顔は奈良時代末期に遣唐使の一行によって中国から渡来したとか、朝鮮半島の百済から持ち込まれたともされている。渡来当初の朝顔の花は淡青一色の小輪咲きであったらしいが、そののち白と浅黄の二色のものが現われ、江戸時代も文化・文政年間（一八〇四〜三〇）になって急激に世間で栽培熱が盛り上がり、次々と品種改良がおこなわれ、ときに突然変異も現われ、花形、花色、模様も多様になった。さらに嘉永・安政年間（一八四八〜六〇）には、「変化朝顔」と称されるさまざまな品種が現われ、熱狂的に栽培されるようになり、その状況はいち早く露地長屋の女性たちが把握し、露地の鉢植えに取り入れて露地の風景に彩りを添えた。そして、明治時代中期から大正・昭和の時代にかけて再びブームが訪れ、大輪咲きの栽培が進み、人々に迎えられた。こうしたなかで明治時代中期に東京入谷の朝顔市が始められた。まさに露地は女性によってつくられた美的空間であった。

なお、朝顔とともに夏の旬を彩る花としてホオズキがある。白い花が咲き、実は赤く丸く、六角の袋に包まれている。女児たちは中の種子を出して口に含んで鳴らして遊ぶか、六角の袋とそれに包まれたホオズキの実の色は、灯明のついた提灯にもなぞらえて、盆の花ともされた。そしてこのホオズキに女性たちは心を寄せ、露地を彩る花として、軒先の鉢植に取り入れた。こうしたことから、浅草寺境内で四万六千日の縁日にホオズキ市が催されるようになったのである。

涼を誘う

夏の夕暮れどき、浴衣がけで下駄履きの女性が縁台に腰掛け、団扇で煽いで涼をとる情景を描く錦絵を見るだけで涼を誘い、ほのぼのと心和ませられる。こうした風情はかつて身辺に見られ、また自らも体験したところである。ところが高度経済成長と列島改造にともなう都市化の進展と、住空間の過密化のなかで、そうした心和む風情も見られなくなった。しかし近頃女性のあいだで浴衣や下駄が愛用され、夏の一つのファッションとして復活してきた。世知辛く無味乾燥な今の世の中にあって、日本人が長く伝えてきた「和」の生活文化再生の一端であり、その依って来たるところを回顧することもまた意味があろう。

浴衣の美

浴衣《ゆかた》は湯帷子《ゆかたびら》の略で、もともと沐浴のさいに着た麻の単衣《ひとえ》であった。そのため手・顔・身体を拭くのに使う手拭にたいして「身拭」ともいった。古くは衣服を着て入浴するのが常で、江戸時代の初めから衣服をぬいで、男は褌《ふんどし》、女は腰巻をつけて入浴し、浴後に着て水分・湿気をとるものになった。腰巻のことを湯文字という女房言葉もそこから生まれ、江戸時代の中ごろまでは、女の身だしなみとして腰巻をして入浴したもので、西鶴の作品などでは、湯文字の裾が開かないよう裾に四か所、鉛を入れたことが見える。

ところが室町時代の終りごろから江戸時代の初めにかけて盆踊りが流行し、それがさまざまな風流踊りを生みだし、ついに三代将軍家光の代には江戸城内で「殿様踊り」という踊りが催されるようにもなった。そうしたなかで見栄えのする伊達模様を染めた踊浴衣ができ、華やかな揃《そろい》浴衣が庶民のあいだにも着られるようになった。元禄時代（一六八八～一七〇四）になると温泉場で温泉浴衣が作られた。その素材は麻のほか木綿・越後縮《ちぢみ》・小倉縮・明石縮などで、扇面散らし・扇面流しの模様で洒落たものであった。

浴衣は単衣なので丸洗いで簡単に汚れを落せるので、合羽《かっぱ》代りの道中着にも用いられた。江戸時代に大流行した「御蔭参り」をはじめとする伊勢参りにも、揃浴衣を合羽の代りに着ていた。このころからしだいに女性の単衣・帷子《かたびら》代りに浴衣が用いられ、文化・文政時代（一八〇四～三〇）からは庶民のあいだで、白地晒木綿・真岡木綿などの広袖の単衣小袖と称するものになり、やがて夏の衣服になった。裁ち方は単衣と同じであるが、単衣は必ず袂があり、外出の略装であったのにたいし、浴衣は広袖ではじめ外着用ではなかったが、しだいに外着用になった。そして単衣は紺地、鼠地であったのにたいし、浴衣は白地・浅黄地であったが、浴衣染めが発達し、絞りの役者染も流行し、明治時代以降は縮《ちぢみ》、金巾《かなきん》（綿布の一種）も用いられた。それでもなお浴後のものとしての性格は抜けなかったし、さらっとした肌ざわりから寝巻としても着られた。

着物をまとうと結束する帯が必要となる。その歴史は古く、記紀神話に黄泉国から帰った伊奘《いざ》諾 尊《なぎのみこと》が日向国橘小門《おど》阿波岐原で禊《みそぎ》をするとき、冠を投げ、帯を投げ、上衣を投げ、褌を投げ棄てて裸になったと語られている。当時の男子の衣服は上衣と褌の二部からなり、女子は裳《もすそ》をまとっていたから、帯を結ぶ必要があった。その帯は幅の狭い絎《くけ》帯で、身前で結び端を垂らしていた。そうした装いは埴輪に見ることができる。奈良時代には官吏の正装としては革製の帯で鉸具《きようぐ》で締めるようになっていた。礼服には色糸を組んだ條《くみ》帯を用い、平常は織物の帯を用いて正面で結び、これを綺帯《あやおび》もしくは錦帯と呼んだ。この帯は正倉院に幾種も伝えられている。女子の礼服には縁《へり》を取った紕帯《そえのおび》があった。

平安時代から室町時代の中ごろにかけては、『扇面古写経』や『春日権現験記』などに見る紐帯であったが、桃山時代天正年間（一五七三〜九二）に肥前名護屋で新型帯が作られた。豊臣秀吉が名護屋に出陣中、朝鮮の唐組の帯にまねた組帯をつくらせたもので、緞子《どんす》・朱珍などの布地を用い、赤色が多かった。この帯は一丈二尺もあり、三重・四重に身体に巻き付けるものであった。江戸時代に入ると小袖の普及にともなって、帯も著しく変化し、女帯は幅広く丈の長いものになった。延宝年間（一六七三〜八〇）の名優上村吉弥が、帯を犬の耳の垂れたように結んで祇園の町を行く小町娘の姿にヒントを得て、帯の両端に鉛の錘を入れ、一丈二尺の長帯を結んで舞台で演じ、吉弥結びとして大評判となり、吉弥結びは女帯の発達に一時期を画した。そして女帯の幅は天明年間（一七八一〜八八）からますます幅広で長くなり、文化年間（一八〇四〜一四）には尺五すなわち一尺五寸にもなった。そうしたなかで女帯の種類も多くなり、礼装用としての丸帯、盛装用の袋帯、普段用の名護屋帯・半巾帯・単帯などが用いられ、その結び方も二十種類以上もあった。

下駄の効用

着物と切っても切れないのが下駄である。靴は素足では履けないが、下駄は素足で履ける上に、いたって軽便である。この下駄の効用はとうてい西洋人が恩恵にあずかることのできない日本国有の履物である。板に鼻緒だけであると歩きにくく、すぐに減ってしまうが、二つの歯をつけた知恵はすばらしい。

下駄の原初的な形態は、泥田で作業する時に足の埋没を防ぐために足に履く田下駄に求められ、それはすでに登呂遺跡・山木遺跡など弥生時代の遺跡から大量に出土している。歯のついた歩行用の下駄も、もう古墳時代には考案されていて、その実態を物語る石製模造品の下駄が多く出土している。それには二形態あって、その一つは前緒の孔が親指の方に寄っていて、後緒の孔は後歯の後の方についている。一昔前、前緒孔が内側に寄った下駄が流行ったことがあるが、これは横に平べったい足の小指の方が板台からはみ出ない工夫であったらしい。またこのころの婦人の下駄は、後緒の孔が後歯の後についたものもあった。これなど足が深く入って下駄に密着し、歩行中脱げにくいという利点があるという。古墳時代の下駄が現代においても工夫されている利点を、すでに考慮して作っていたということも注目される。もう一つは前歯・後歯が真中で分かれて四つ歯になっていて、その上鼻緒孔は六つあいている。すなわち鼻緒孔が三個ずつ反転してあいている。これは場合によって前後逆向けて鼻緒をつけて履くことができるのである。新潟県頸城《くびき》地方の砂浜で履く浜下駄はみなこれと同じ形で、下駄の前の方が磨滅して前緒が切れたとき、すぐさま鼻緒を反転させて踵の部分の一孔にすげるのである。こうした下駄は連歯下駄といわれる。

ところで、古くは下駄のことをアシダ、次いでボクリと呼んでいて、ゲタの呼び名は室町時代以降らしい。アシダは足板の音便からきているが、足駄の文字が使われている。ボクリは木履で『和名類聚抄』にはキクツの読みをつけているが、これは浅沓であった。平安時代になると雨道に足駄を履くようになり、平安時代末期の絵巻物『伴大納言絵詞』に足駄を履いているさまが描かれている。その足駄は撥《ばち》型の下部の広がった差し歯の楕円形の、しかも黒塗りのものである。材は杉で僧侶や女子がもっぱら履いている。これは差歯下駄である。『職人尽歌合』に描かれている足駄は、差歯の臍《ほぞ》を表のほうに出してあるが、これは露卯《ろぼう》の下駄といって、江戸時代の天和・貞享(一六八一～八七)ごろの草子の画にも見られる。

江戸時代にはこの形のものが広く用いられていた。男物では江戸下駄という桐台に欅歯の角型の下駄、女物の丸下駄がそれで、ことに丸型下駄は一枚の歯に枘《ほぞ》が三孔あり、台木一枚に六つの枘孔がある。これらはともに江戸では下働きの者などが履いていたので、とくに強固にしたのであろう。これもすでに奈良時代に使われていた。奈良の元興寺《がんごうじ》極楽坊から出土した下駄、東京の茅場町出土の下駄はこの形である。また、差歯下駄には三枚歯、一枚歯もあった。祭礼行列の猿田彦や山岳修行の修験道行者らは一枚歯を履いているが、ふだん民間でもこれを用いたところがある。新潟県市振地方では漁民が海辺の砂地の作業にこれを履いている。実に歩きやすいという。

鼻緒はもともと手製で、はじめ縄を綯《な》ったものを用い、婦女子は木綿の手作りを用い、田舎で内職に作ったものも町で売られていた。寛文年間（一六六一〜七二）以前はもっぱら竹の皮の鼻緒が使われていたが、元禄年間（一六八八〜一七〇四）ごろからしだいに華美になり、それとともに女子の下駄履きが流行しはじめ、塗下駄・表打下駄などが履かれるようになった。享保年間（一七一六〜三六）になると僧侶・医者・武士も下駄を履くようになり、朱塗りの下駄も履かれた。そのため寛延三年（一七五〇）八月に町触れが出され、町人が三枚重ねの草履や塗下駄を履くことが禁止されたが、そうした禁令も一時的で、しだいに効力をもたなくなり、桐材柾目下駄や朱塗り下駄、畳表の下駄など、ますます贅沢な下駄が用いられるようになった。

江戸時代には京坂地方では歯の高低にかかわらず下駄の語が用いられていたが、江戸では差歯の高いものを足駄と呼び、下駄と区別していた。下駄は歯の有無と構造によって分類され、台木に歯をつくらない無歯下駄には、浜下駄・ぽっくり下駄・すべり下駄などがある。台木に歯をつくる有歯下駄のうち、連歯下駄には庭下駄・駒下駄・箱下駄（雪下駄）などがあり、差歯下駄には日和下駄・朴歯下駄などがある。一般に台木には杉・桐、歯には樫・朴、鼻緒には布・皮などが用いられる。

団扇の風流

日を避け、人目を防ぎ、涼をとる用具として、団扇《うちわ》は日本人の暮らしのなかで、きわめて大きな意味をもっている。この団扇は中国では漢代からあったが、わが国では奈良時代に唐の文化が入ってくるとともに使われるようになった。京都太秦《うずまさ》広隆寺に伝わる聖徳太子所持の団扇というのがわが国最古の遺品である。もとは円形と方形と二種類あったが、しだいに円形のものが一般化し、団扇の文字が用いられるようになった。平安時代の団扇については『宇津保物語』や『狭衣物語』では、団扇は貴族の持物として記されており、室町時代・戦国時代には鉄や皮革で作った軍配団扇が戦陣の指揮用として武将たちに用いられるようになった。その扇面には日・月・星などを朱や塗や金、銀で描き、柄には打紐《うちひも》を通したもので、現在の相撲の行司が用いる軍配にその形状をとどめている。

江戸時代も寛永年間（一六二四〜四三）ごろまでは団扇は白紙を貼っただけであったが、そうしたなかで奈良団扇だけは室町時代からその名が聞こえていて、江戸時代になって透し模様の上品な美しさから、とりわけ夏の贈り物として喜ばれ、夏の土用の入りには奈良奉行から幕府に献上する習わしになっていた。文名をうたわれた郡山《こおりやま》藩家老柳沢淇園（柳里恭）も、「奈良団扇の讃」を書いて風流な奈良団扇を賞讃している。この奈良団扇はおもに春日の神官の手内職で作られ、江戸時代後半には毎年二十余万本の生産があったという。ほかに夏川団扇（備中）・セキトメ団扇（備前岡山）・岐阜団扇（美濃）など特産団扇も生まれた。江戸で生まれた江戸団扇は東《あづま》団扇ともいわれ、割竹に白紙を貼って彩画した簡単なものにはじまり、黒絵団扇・紅団扇・漆団扇と発達し、判じ絵を描くことも流行った。そして元禄時代（一六八八〜一七〇三）には、婦人は屋内でも外出のときでも、扇子を使わず団扇を持つようになり、夕涼みにもなくてはならないものとなった。また、そこには浮世絵や役者の似顔絵が盛んに描かれ、江戸時代の後期には歌麿・豊国・国貞らの絵がそれを飾った。

装いと流行

近頃の浴衣の装いは、江戸時代はもちろんのこと近代における流行とも大きく異なる。もともと浴衣の柄は白地に紺の花柄が多かったが、いまは上品な雰囲気を漂わす紺地に花柄の伝統柄、小粋さを装う黒地・白地・小豆色地などに反対色あるいは同系色の柄を大胆にあしらう大胆柄、大衆的・通俗的な柄に軽やかな遊び心をプラスしたようなお洒落柄など、現代感覚を着物の世界に吹き込んでいる。

浴衣の帯は一般に半幅帯であるが、半幅の帯結びの基本となるのが年齢を問わずどんな浴衣姿にも似合うという「文庫結び」である。この文庫結びの羽根を左右に張らせたのが「一文字結び」、文庫結びをアレンジして非対称に羽根を垂らした「片流し結び」である。蝶が羽根を広げた形に結ぶ「蝶結び」、男女を問わずいちばんやさしい小粋な結び方の「貝の口結び」。貝の口をボリュームアップした「矢の字結び」、三枚羽根と巾着をバランスよく結んだ豪華な「巾着結び」をはじめ、ほかにも多様な結び方がある。

浴衣掛けには一般にこっぽり・右近下駄・駒下駄を履く。「こっぽり」は舞妓や七五三参りの女児が履く歯のない高い下駄で、中が空洞になっていて歩くときの音からその名がついている。それを日常用に低く改良した下駄で、浴衣掛けに履かれるようになったのである。「右近下駄」は改良型こっぽりをさらに台を薄くし、ゆるやかな曲線を描く型の下駄である。歩きやすく、下駄に馴れない者でも履きやすい。「駒下駄」はもともと駒（馬）の蹄に似た形で、台も歯も一つの材で刳って作った下駄であるが、いまでは日常一般に履いている二枚歯下駄を駒下駄と呼んでいる。これらは上物は桐の柾目で作られるが、並物は杉が用いられていて、白木と塗物があるが、浴衣掛けには塗物を履くのが普通である。

ファッションを演出する

小袖と帯

女性の着物というのは、古代以来実にファッショナブルである。この着物には装束といわれる広袖仕立のものと、袖口の小さな仕立の小袖とがある。装束はもともと公家・武家が着て、上下二部式構成になっていて、小袖は一般に庶民の着る一部式構成のものである。平安時代末期から筒袖で臑《すね》までの丈の白小袖が庶民に用いられ、上流社会ではそれを肌小袖として装束下に用いられた。そして室町時代中期から丈もしだいに長くなり、余り裂《きれ》でつくられていた帯が独立したものとなった。この小袖は桃山時代以降、美しい上着となり、江戸時代になって絢爛豪華なものへと変っていった。さまざまな織りや縫いや染めが考案されて粋を凝らしたのであった。しかし、身幅の広い小袖の袖の部分から衿をとったので、これを着ると二の腕が出る姿になった。また着丈は長く裾を引く引裾形態であり、帯は紐状の細いもので、それがまた釣合がとれて粋でもあった。こうした風情は「松浦屏風」によく描かれている。

こうした小袖の発達とともに帯の幅も広くなり、その帯の柄と結び方が帯そのものの美とともに、小袖の美をも映えさせることになる。そのため女性たちは帯の美にポイントをおいた。江戸時代も中期以降、種々装飾的な結び方がおこなわれるようになり、結ぶ位置も初めは前結びが一般的におこなわれていて、未婚女性は後帯、既婚女性は前帯という習慣があったが、元禄時代以降は後帯が流行し、これが未婚・既婚を問わず一般化した。

帯の結び方は、特殊なものを除いては、みな一度一重に結んで、その結び余りの両端をさまざまな仕方で処理することによって、結びのバラエティーを生み、帯のファッション性を知らしめたのである。

そして女性は自らさまざまな帯の結び方を考案し、街頭を歩くことによって目を瞠《みは》らせ、流行を生んでいった。たとえば固い帯の両端を短く出せば「かるた結び」のような両端が水平になる結び方になるし、柔らかい帯で両端を長く出せば両端が垂れ、それは「吉弥結び」「水木結び」「文庫結び」「だらり」などと呼ばれた。江戸時代も後期に入ると結び方も一段と多様となり、また派手になった。結び目が左、右、あるいは真直に帯を背に背負ったような形になる結び方を「やの字結び」といい、それには竪やの字、左やの字、右やの字などの種類があった。そして江戸時代も末期になるといわゆる「太鼓結び」が流行したのである。それは帯そのものでは結ばず、帯留や帯上げという補助紐を用いて結ぶ方法で、ここにいたって帯はまったく装飾的なものになったのである。明治以降は成人女性のあいだで広くこの「お太鼓」がおこなわれたので、帯留が非常に発達した。この結び方は文化十四年（一八一七）十一月に、江戸の亀戸天神の太鼓橋が再建されたさい、深川の芸妓が結んでいたもので、それをいちはやく市井の女性が取り入れたのである。そのように女性は豊かな美的感覚と、素早い実行性を持ち合わせていた。その特性が流行を生み出していったのであろう。

髪と櫛

緑の黒髪、それが日本人の美の象徴であった。だがそれ以上に黒髪は人間の肉体の一部として、肉体そのものを表象するものとして日本人は意識してきた。そのため、神や仏に祈願するさい、切なる心情をあらわすために、髪を切って奉納するという風習が古くからあった。

奈良の法隆寺西円堂は、俗に「峯の薬師」とも呼ばれ、耳の病をはじめ、女性の願いごとのすべてに御利益があるとされ、特に女性の参詣者が多い。そこでは、女性が祈願のさいに髪を切って奉納する習わしが古くからあり、それは今に続いている。

このように、髪は自分の分身として意識されていたのである。こうした例は各地に見られるが、一般的な風習として、死者の亡骸は葬っても、髪を切って「遺髪」として保存したり、永久に祀る風習もある。そのため、日常的に髪を切った場合でも、土に埋めるのが最もよいとされていた。それは大地に帰すことであり、人間の魂の故郷である他界に帰すことになるからである。そこから、「髪を焼

く と貧乏になる」という諺《ことわざ》が生まれ、髪を粗末にすることを戒めたのである。

そうした意識から髪を美しく飾ることも古くからおこなわれた。その一つの方法として鬘《かつら》が考え出された。古代には布や草木の枝を頭に巻きつけて飾り、それをカツラと呼んだ。木綿《ゆう》の布裂《ぎれ》を巻いた木綿鬘《ゆうかつら》、葡萄蔓《ぶどうづる》の葡萄鬘、榊の枝を髪に刺すマサキ鬘などがそれである。のちにはカモジすなわち髪に添える毛をカツラというようになり、タマカツラ（玉鬘）という言葉もカモジをさしていた。カモジの本名がカツラであり、要するに髪に添えるものがカツラであった。

近世になって歌舞伎芝居が発達すると、登場人物の役柄を表象するために扮装が必要となり、扮装の方法として添鬘がさかんにおこなわれた。そして、添鬘よりもすっぽりと頭からかぶって完全な仮装髪にする方法が考え出された。ここにカモジの名称が転化し、仮装髪をカツラと呼ぶようになった。今日いうところのカツラの原型がほぼここにできあがったのである。

この芝居に使用するカツラは、登場人物の身分、境遇、性格を端的に印象的に表現し、それぞれの役に応じた髪型が生まれ、カツラを見ただけでただちに芝居の外題《げだい》と登場人物を連想させるものであった。芝居と遊里は江戸の花で、江戸時代の町の粋人を気取る若者も、そうした役者の格好良さを真似たし、また当時においても髪の少なくなった老人たちの付髪があったので、一般にも鬘の需要があり、鬘屋なる商売も成り立ったのである。

こうした装いのポイントは、なんといっても黒髪に櫛目をとおし、きれいに髪を整えることである。したがって、装いに櫛は欠かせないもので、櫛の使い方ひとつでいかようにも髪型が変えられ、装いも変えることができる。櫛は実に奇妙な魔力をもつものである。櫛という言葉もクシビ（奇妙）という語からでたものである。こうした櫛はすでに古墳時代からあった。それは竹製の長い竪櫛で、奈良時代になって唐にならって横長の櫛が生まれ、平安時代以降に棟の丸い半月形のものができ、それが近年までの櫛の原型となった。

だが、庶民も装いをこらすようになった江戸時代には、延宝年間（一六七三〜八一）に利休形、正徳年間（一七一一〜一六）に角形・棟広、享保年間（一七一六〜三六）に京形・江戸形、宝暦年間（一七五一〜六四）に大櫛・町形、江戸時代末期に深川・利休・月形・政子形とさまざまな形の櫛が流行した。また、金・銀・象牙・鼈甲・硝子など種々の材質のものができ、大櫛でも蒔絵・螺鈿《らでん》・粉溜と豪華なものが出まわった。

しかし、一般には黄楊《つげ》の櫛が愛用され、『七十一番職人歌合』の四十二番櫛挽の場には、黄楊の木を挽いて櫛を作っている職人の姿が描かれていて、室町時代以来の黄楊櫛作りのさまがうかがえる。今日でも製作法はよく似ていて、石馬という台に黄楊材をはさみ、鋸《のこぎり》で一本一本歯を挽き、ヘラで歯を削ったり磨いたりして形を整え、歯ができると外側の縁取りをして鉋《かんな》をかける。そして鹿の角で磨きをかけて仕上げるのである。

ところで、こうした櫛もたんに髪を整える用具ではなく、神聖なものと意識されていた。櫛という字の「節」は季節、節分などに用いられるように、区切り分けるという意味であり、つまり櫛は髪を区切り分けるものである。このため、櫛は神の占有物を他と区別するためのしるしとされ、魔除けの呪物とも考えられてきた。

また、女性が髪に櫛をさすことは、既婚であることを意味した。つまり、主がある（占有されている）ことの表示であり、櫛を投げ捨てることは、夫婦の「縁切り」の呪いとされた。櫛は今日の結婚指輪のようなものであったのである。

一般的には、櫛を九四（苦死）とひっかけて、櫛を拾うということは、他人の払った苦死を拾うことになる。そのようなときには一度踏んでから拾うと、苦死を払いのけられるといい、また、櫛を落とすと苦が消えるなどという。しかし、櫛を拾うことを嫌うのは、一般にいう「苦死」との語呂合わせではなく、みだりに占有されたり、占有を放棄することを恐れるということからきているのである。

鬘も櫛も得も言われぬ摩訶不思議な力をもつもので、日本人は形や物の中にも心を宿したのであり、それが日本文化の大きな特色でもある。

帽子・鉢巻と襷

昭和二十年（一九四五）十二月十七日、衆議院議員選挙法改正公布により、婦人参政権が認められ、翌二十一年四月十日、新選挙法による第二十二回衆議院議員総選挙が実施されて、はじめて婦人代議士が誕生した。そのなかの何人かが帽子をかぶって登院したところ、某男性代議士が「神聖な議事堂に帽子をかぶって入るとは無礼である」と咎《とが》めたという話は有名である。しかし、婦人は公式の場でも帽子を着用したままでよいというのは洋風の通念であった。それはなにも西洋のみの風習ではなく、日本においても古くから、婦人ばかりでなく、男子の場合も同じくそうした風習があり、むしろ公然のことであった。

古来、男子も人前では頭頂を見せないのが礼儀で、常に帽子をかぶっていた。そのことは、古くは『扇面古写経』『春日権現験記』『地獄草紙』など各種の絵巻物にも見られ、一般庶民が足は裸足《はだし》でも烏帽子《えぼし》だけはきちんとかぶって道行く姿が描かれている。烏帽子は帽子のなかでもっとも一般的なもので、黒の紗《しゃ》・絹などで袋状に作ったやわらかなもので、髻《もとどり》をそのままにしてかぶるようになっている。烏帽子は奈良時代から江戸時代にいたるまで、ながく男子の日常のかぶり物として用いられた。男子の成人式を「烏帽子着」といい、この風習のひろくあるのも、烏帽子が成人男子の常用したものであることを物語っている。この烏帽子は屋外だけでなく屋内でも常にかぶっていて、たとえば春画などにも、全裸で寝ている男が頭だけはきっちりと烏帽子をかぶっている姿を描いている。

女子も外出には素面《すめん》で歩かぬのを礼とし、古来から布帛《ふはく》をもって頭部を包む風習があり、室町時代の桂包《かつらづつみ》などを経て、江戸時代に入るとともにいろいろの帽子に分化した。揚《あげ》帽子・野郎《やろう》帽子・綿《わた》帽子などがそれである。揚帽子は一名を角隠《つのかくし》といい、本来は表を生絹《きぎぬ》（白色）、裏を紅絹《もみ》（紅色）で作った巾《きん》状のかぶりものであった。近世以来、真宗門徒では婦人が報恩講に参詣するさいは、礼装としてとくに黒色の角隠をかぶった。こうした角隠が、今日も婚礼の花嫁装束にのこり、島田髷《しまだまげ》の上に白色の角隠をかぶっている。

綿帽子はその名のとおり綿で作り、男女ともに着用したのであるが、江戸時代以降は一般に婦女子の専用になってしまった。そしてそれは儀礼的な意義のほかに、寒風を凌《しの》ぐという実用的な目的も加味されたのであった。しかし純然たる儀礼用としては、婚礼の新婦の正装としてかぶられた。だが昭和初年ごろから婚礼が式そのものより披露宴に重点がおかれるようになって、花嫁の顔の見えない綿帽子にかわって、角隠が正装のかぶりものとなった。その風は今日にいたるもなお厳然と生きている。

手拭《てぬぐい》も本来は冠《かんむり》・帽子と同じ性格をもち、たんに顔・手・身体を拭う布片ではなく、礼装の一つとしてながく民間に用いられてきた。かつて御大典のとき、天皇の京都行幸の奉迎に近在近郷から人々が集まった。そのとき八瀬《やせ》の大原女《おはらめ》も、絣《かすり》の着物に三幅前垂《みはばまえだれ》の風雅な装いに、手拭をかぶって奉迎の列に加わった。それを見とがめて警備の巡査が、「陛下を迎えるに手拭をかぶったままとはけしからん」と咎めた。大原女答えていわく、「頭に手拭をかぶるのは大原女の正装でございます」と。こうした話は数限りない。

日本の葬式に、とくに儀礼として号泣する女の役がある。これを泣女《なきおんな》という。この風習は島や海辺地方に多くのこっているが、内陸部においても随所にその風があり、奈良県宇陀郡室生《むろう》地方にその例が見られる。泣女はたんに悲哀の泣き声だけでなく、死者を思う切々の言葉をはき、その形式も地方ごとに定まったものがあった。仏教以前、僧侶の読経などがない古い葬儀において、号泣儀礼が大きな意味をもっていたことから伝わっている習俗である。このさい泣女は近親の女、近親以外の近所の女、特別な泣女を雇う場合などさまざまであるが、いずれも泣女は黒の喪服に白い手拭をかぶって霊前にぬかずき、号泣の儀礼をおこなう。まさしくこの手拭は礼装用なのである。

　近年、男性はもとより女性の帽子姿は少なくなり、日常ほとんど露頂であるが、皇后をはじめ上層社会の婦人たちは、やはり公式の場に出るときはかならずといってよいほど、みな帽子を着用している。今日ではこうしたところにかつての習俗がのこっている。

　このさき、ふたたび女性の帽子着用が流行するかもしれない。しかしそれは一つのファッションとしての流行であり、意味は忘れ去られているであろう。

　ところで、鉢巻ももともと正装の意味をもっていた。『嬉《き》遊笑覧《ゆうしょうらん》』（喜多村信節《のぶよ》著、文政十三年〈一八三〇〉刊）も「鉢巻は男女ともにふるきふり也、田舎の女は木綿の単《ひとえ》なる物を帯したる上に著《き》、鉢巻するを礼服とす」と述べている。鉢巻というのは、軍陣で烏帽子が脱げ落ちるのを防ぐために、烏帽子の縁に締めたものであるが、のちに烏帽子と一体となって固定した。その烏帽子の本体がなくなって縁につけられた布の部分だけがながく用いられ、いまの鉢巻としてのこったのである。したがって、鉢巻も烏帽子と同じ意味をもっていた。古くは戦場における鉢巻、戦争中は斬込《きりこみ》決死隊や特攻隊の鉢巻、戦後はデモ隊の鉢巻と、それぞれ時代と目的も異なることはもちろんであるが、いずれもふだんとちがった気持ちでの行動、すなわちハレの行為である。デモもハレの行為であり、そのなかに鉢巻の本来の意味が伝えられている。

　襷《たすき》をかけることもまた正装である。天岩戸神話にアメノウズメノミコトが日蔭蔓《ひかげのかずら》を手繦《たすき》にした話があるし、埴輪《はにわ》にも襷をかけた姿がみられる。また神官などが木綿手繦《ゆうたすき》をかけたことがよく知られ、襷が実用より儀礼的なものであったことが知られる。『万葉集』には玉襷《たまだすき》の名がみえるが、伊豆の新島では水晶玉や南京玉《なんきん》を糸に通した襷が使われていた。こうした正装としての襷の風習も今日にのこっている。勲章も正式には襷につけられているし、戦争中は陸軍の週番将校の襷、戦後はデモ隊の襷、国会議員をはじめ各種議員立候補者の襷姿などに、襷の本来もつ意味を認めることができる。

第三章　技量をもつ女

女紋をもつ

女紋と嫁入道具

紋章といえば、家ごとに継承・使用される「家紋」をすぐ思い浮かべる。家紋はその家の家格や出自をあらわす象徴とされ、家の継承者であるべき父から息子へと父系的に引き継がれ、分家にさいしても通常は継承されるものである。しかし、この家紋とは別に女性のみが用いる紋章すなわち「女紋」がある。女紋はその家の家紋を用いる場合もあるが、本来は女性専用の紋章を用いるものである。それは生家の母親の紋章を用いるのがもっとも多く、女紋といえばそうした紋のことをいうほどである。

沼田頼輔氏は『日本紋章学』（明治書院、一九二六年）で、

婦人専用の家紋を用ゐる慣習は、独《ひとり》武家に限られたるものにあらずして、民間にも亦一般に行はるるに至れり。而してこの慣習は、地方に依りて異なれりとす。即ち尾張以西に於ける婦人用の家紋は、結婚の時新婦はその実家より居ゑ来れるを用ゐたるものにして、而してその実家より居

ゐ来りたるものは、その母がもと母の実家より居ゐ来りたるものとす。もしこの新婦にして女子を挙げ、後年その女子の更に他家に嫁する場合には、再びこの紋章を用ゐたるが故に、この婦人用の紋章は、その婚家毎に甲家より乙家、乙家より丙家といふが如く転々して、その窮極する所を知らざるに至るべし。東国に於ても家に依りて亦婦人用の家紋を定めたるものありといへども、多くは家主の家紋を用ゐたり。

と述べている。この末尾の「家主の家紋」というのは同一の紋章の場合もあり、また家によっては男の紋、女の紋と別様をもつものもあった。これは表紋、裏紋また替紋ということであろう。

この女紋の風習は江戸時代から広まった。はじめは武家の子女のあいだに見られたというが、しだいに民間に広まった。ことに尾張以西で娘が嫁入りのさい母親の紋をつける習わしが一般的となり、それはまず大坂の商家から始まった。その大坂の状況について宮本又次氏は『大阪今昔』(社会思想社、一九六二年)で、

大阪では娘の嫁入り支度に母親の紋章をつけ、父親の紋章をもちいることは少なかった。父の紋章は男の子が、母の紋章は、女の子がつぐならいであった。姑の紋章、夫の紋章、妻の紋章という具合に、一つの家の中に三つの紋章が対立していても、大阪の町家では別に怪しまなかった。そういうふうにしておくと、万が一不縁になっても、もとの嫁入り支度がそのままに役に立ったからで、それも算盤勘定からであったろう。しかも夫の財と妻の財とに区別があったことは、早くから個人我の芽ばえがあったことを示すものかも知れない。

と述べている。すなわち、亭主の紋は代々その家に受け継がれて垂直継承されるものであるが、女の紋は斜線継承され、夫婦の時点でそれぞれ同じ家で併用されることになる。そのため姑のいるときは、姑は姑でまた自分の母親から貰ってきた紋をもっているので、一つの家に姑の紋・夫の紋・妻の紋と、三つの紋があったことになる。

なお、嫁入道具は嫁入りにさいして、嫁が婿方に持参する着物や道具である。嫁入道具の中心は嫁がハレ・ケの生活で使用する道具類とその収納具である。江戸時代の庶民の間では、荷物は嫁入りの前日か二日前に届けるのが一般的であったが、嫁が持参する品目については『当世民用婚礼仕用罌粟《けし》袋』（寛延三年〈一七五〇〉刊）に詳しく記されていて、その数はおびただしいものであった。しかし、都市と農村また地域によって異なるが、一般には晴着・普段着・仕事着などの着物類、鏡台・櫛・鉄漿《おはぐろ》はけ用具などの結髪・化粧道具類、機織り・針仕事・野良仕事などの生産関係の用具類、裁縫道具のほか布団・座布団などが持参された。

これらの嫁入道具にはできるだけ女紋を付けたのであった。黒留袖・色留袖・訪問着などの紋付着物をはじめ、進物の上に掛けたり、物を包むのに用いる袱紗《ふくさ》や風呂敷はもちろんのこと、鏡台には鏡面を覆って掛ける鏡掛、唐櫃《からびつ》や長持にも覆いを掛ける油箪《ゆたん》にも大きな女紋が染め抜かれた。この長持に納められた布団は女紋を付けた油箪によって、女紋の付いたものとしての意味を持ったのである。布団を包む大風呂敷にも女紋が付けられたし、衣裳簞笥の各段の抽出にも女紋が付けられた。

ところで、女紋は大坂町人社会で顕著に見られたのであるが、大坂町人といえども封建社会にあっては、夫は主人、男主女従であったが、それは表向きのこと、女は家風に合うことを条件とされ、夫に服従するべきものではあったが、商家の場合は家計と企業がまだ一体であったため、妻もまた商業経営に参加する限りにおいて、大きな発言権をもった。すなわち、商才のあるものはたとえ女であっても、どんどん男を、亭主をリードして経営に参加したのであった。のみならず女の情を最大限に活用し、奉公人にもよく気を配ることによって彼らをひきよせ、それによって労務管理さえも、男よりも上手であったことがままあった。彼女らは隠然たる勢力をもち、むしろ「御寮はん」の知恵と才覚が店の存続にかかわったことさえあった。

この力の基礎はやはり経済力であった。そのひとつに持参金がある。これを「敷金」という。いまの借家の敷金（保証金）と同語であり同義でもある。これは離縁されないことを担保にした敷金で、もし離縁する場合、夫はそれを返さねばならなかったし、嫁入りに持ってきた衣類、諸道具はみな女房のもの、離縁のときはそれはみな持って帰る。その標識がほかならぬ女紋であった。また、子供のあるときは、男の子は亭主が育て、女の子の場合は女房が連れて帰る習わしであった。女房に確固たる経済力があったのである。

これはひとり大坂の商家だけに限らず、農村においても地主層の家にはあった風習で、大阪府下にも中国地方にも近年まで伝わっていた。嫁入り道具は嫁の主たる財産であり、それには女紋というはっきりとした標識が付けられていたのである。大坂流の算盤勘定からいえば、万一不縁になっても、もとの嫁入支度がそのまま役に立つともとれるが、それはそれとしても、女性の独立性というものがある程度認められていたのである。

御寮はんの隠然たる力、ときとして偉大なる力、それは才覚とともに経済力であった。女紋の付いた衣服・調度・諸道具がそれで、女房の私有財産であった。かりに亭主が事業に失敗し、財産をすべて売り払わねばならなくなったときでも、女紋の付いた女房の財産は絶対に手を付けることができなかった。したがって女房の私有財産は最後まで保証されていたのであった。

礼装と呪術

ところで、近代以降の和服の礼装は、男子は黒無地の羽二重《はぶたえ》の上着に鼠羽二重の下着二枚《にまい》襲《がさね》、帯は博多《はかた》帯《おび》・繻珍《しゅちん》帯・風通《ふうつう》帯のいずれかをしめ、その上に仙台平《せんだいひら》の袴をはき、黒無地羽二重の紋付羽織を羽織るのを正装とする。略式には無地かそれに近い目立たない柄物《がらもの》の紋織《もんおり》の着物に博多帯をしめ、その上に無地に一つ紋の羽織をかさねる。女子は縮緬《ちりめん》の三枚襲に丸帯をしめた紋付姿が正装である。若い娘は総模様振袖、年配の女は江戸《えど》褄《づま》模様の振袖を正装とする。略装は縫紋《ぬいもん》の絵羽《えば》、付下げの訪問着に袋《ふくろ》帯《おび》や名古屋帯を用いるのがふつうである。こうした礼装は一般に紋付といわれ、五つ紋・三つ紋・一つ紋など家紋がついている。そして略装といえども最低一つ紋がつき、それは背中につけられる。

紋が背中につけられるのには大きな意味があった。日本では古くから悪霊はみな人の背後から忍び寄ってくるものと考えられており、そのため背中も表と同じに表象することによって、悪霊の忍びよることを防ごうとしたのであった。アイヌの厚司《あつし》が前身頃《まえみごろ》よりも背面にみごとな模様をつけられているのもそのためであったし、東北地方の刺子《さしこ》の模様も、前よりも背中に手のこんだ模様を刺す。それも同じ意味であった。

また、子供は他界から現世に再生して、まだ未成熟な不安定な霊魂であるため、悪霊にとり憑《つ》かれやすいというところから、産着《うぶぎ》やその他の着物の背縫《せぬい》の上部に背守《せまもり》をつける。奈良市ではひろく子供の一つ身の着物には、背縫の上部に色糸をもって一種の縫い飾りがほどこされた。子供にたいして神秘的な守護があるというところから、「背守」といい、青・赤・黄・白・黒色などの糸で一年十二か月をかたどり、十二針縫い、糸を着物の丈と同じにし、十二針を男女別に分けて、男は左を尊ぶからとて十二針のうち三針を左に曲げ、女は右を尊ぶからとて右に曲げる。縫糸は長いほど子供の命が長くなるという。いまではこの風もなくなったが、そのかわり産着の背には紋がつけられ、また宮参りなど初外出にさいしては、背中にお守りをつける。背守ではほかに、東京周辺では成田不動尊や水天宮などのお札が御利益あるというし、以前は布で袋をこしらえて、お札や小豆《あずき》や産土神《うぶすながみ》境内の石や砂を入れて、背中に吊るしたこともある。

いずれにしても背中を重要視し、悪霊を退散せしめる呪術がおこなわれていたのである。礼装の背縫の一つ紋もそれと同じ意味をもつものであった。背中はよく見えるからという単純な意味ではなかった。

ヘソクリをつくる

ヘソクリの起源

ヘソクリというのは主婦などが内緒に貯える金ということで、ヘソクリをすることは一般にはよからぬことのように考えられているが、実はそうではなかった。ヘソクリという言葉の由来について、内懐《うちぶところ》すなわち臍のあたりから繰り出すという、滑稽味を含めた解釈がなされ、「臍繰り」と書かれている。ところが『倭名類聚鈔』でもヘソは「巻子」と書き、績《つむ》いだ糸をつないで環状に幾重にも巻いたものといっており、麻績《おう》みのヘソ、つまり麻糸績みの稼ぎから生まれた語である。

庶民のあいだで、衣料を他人のつくったもので間に合わせる傾向が生まれたのは、せいぜい江戸時代も終りの頃からのことであった。それもカエコトとして物々交換が可能な場合であって、現金による買い込みはそう容易にはいかなかった。晴着は別としても仕事着、普段着は近代にはいってもしばらくは村の女たち自身で織ったものである。エヌシやカカと呼ばれた主婦は、その織物をするさいの指揮者となり、古風にいえば織姫たる若い女たちに織らせたのである。

その衣料は、樹皮の繊維を織った科布《しなふ》、藤布《ふじふ》、野生の苧麻《ちょま》の繊維を織った麻布、梶の木の繊維で織った栲布《こうふ》、麻の一種である蕁《じん》で織った蕁布《じんふ》などが用いられた。栽培された麻で織った麻布は、十六世紀末に木綿が移入されて木綿時代が到来するまで、有史以来千数百年にわたって庶民衣料の主位を占めてきた。家々では自家の衣料を調達するために、住居にもっとも近い肥沃の畑を麻畑にし、五、六尺に伸びると刈り取り、収穫した麻は主婦の管理のもとに、家族員別に麻を割付け、家の女たちが家族の衣料計画を立て、与えられた麻を績《う》み貯えて着物を自製した。地方によっては娘たちが「麻績《あさうみ》宿《やど》」などといって、仕事場を一ヶ所に定め、夜、近所の娘たちが一緒に集まって仕事をする風習があった。

このさい麻を細く上手に績んでヘソ巻きを余計につくり、所定の数以上のヘソは貯えて私物とし、それで自分の嫁入りに持っていく着物を余分につくったり、貯えたヘソを麻仲買人などに売って内証金をためたりした。こうしたところから内証金をヘソクリ、ヘソクリガネ、ヘソクリギンといったのである。

ヘソクリは誰にも見せず、まったく自分自身のために自由に使われるものであるが、個人のために使うだけでなく、既婚女性は女房の甲斐性として、家族のために用立てる慣習も根強くあった。ヘソクッた糸をもって一年に蚊張を一張つくったり、オシキセといって亭主に帷子《かたびら》の一枚も縫って進ぜたり、子供の着物を余分に作ってやったりしたという。すなわち、女房の力量で家計の予定外の得分を浮かしていくのであり、これのできる女房が良い女房とされた。極言すればこうしたヘソクリを上手につくり得る女房が、家族にとっては良い女房であったのである。そのため、「ヘソクリのできんような娘は嫁に貰うな」というところさえあったという。

こうして見ると、かつての日本の家族社会は、女房に過重な才覚と負担を強いていたかのように思えるが、実はこうした女房のはたらきが、家計の安泰をもたらしたのである。もちろん亭主もそれにこたえて精いっぱいの働きをした。ヘソクリもこのようなヘソクリでありたいものである。

「ホマチ」という内緒金

女性のみがつくり貯え、女性の裁量によって使うヘソクリと異なって、男女共に日常用いているホマチという内緒金がある。直接女性とは関係ないが、参考のために記しておく。それは江戸時代の寛文年間（一六六一〜七三）に開発された西廻り航路で活躍した北前船の商法の中から生まれた方法であり、その名称であり、その語がまた日常生活の中で、男女ともに広く多用されたのであった。

東廻り航路と西廻り航路は、大体酒田を起点として分かれ、秋田以北は東廻り航路をとるのが一般的であった。江戸時代末期からは、秋田以北も西廻り航路に便乗し、北前船が活躍し、西廻り航路は蝦夷《えぞ》地とも結びついて、松前交易によっていっそう繁栄した。東廻り航路より西廻り航路が繁栄したのは二つの理由があった。一つには冬期をのぞき、日本海と瀬戸内海を結ぶ航路は太平洋航路よりも航行しやすかったことである。第二は運賃が安かったことである。寛政年間に西廻り航路は七一三里で、米百石の運賃金二十一両であったのにたいし、東廻り航路ならば四一七里であるのに、米百石の運賃は金二十三両二分というように、西廻り航路は距離にして二倍近くあったにもかかわらず、運賃はかえって安かった。

西廻り航路に就航する北前船は、物資の運賃をもって利益とする運賃積みではなく、各地で安く買い集めた品物を別の土地で高く売るという買積みの形態をとった。こうした買積船である北前船では、船主が荷主である。船頭には船主が直接あたる場合（直乗《じきのり》船頭）と雇船頭（沖船頭）があったが、いずれにせよ利潤をあげるのは船頭の腕次第で、船頭はたんなる運送責任者ではなく、もはや商人であった。雇船頭の場合は、船主は船頭の意欲をそそるため、給与のほかに全積載量の約一割だけ船頭個人の商品を積むことを許した。すなわちホマチであり、これを「帆待ち」と書く。また船頭以外の乗組員である水主《かこ》にも、給与のほかに「切出し」という歩合給を与え、できるだけ多く積荷するようにしむけたのであった。

「船姿三里、帆姿九里、鷗三十里」というが、それは岸から沖を見て、船全体が見えるのが三里以内、帆だけ見えるのが九里以内、鷗の姿がチラホラ見えるのが三〇里以内ということで、風をはらんだ帆は遠くからでもわりあいよく見えた。そのためどこの荷主（船主）の船かよくわかるように、それぞれ帆印をつけた。その帆印の種類はきわめて多い。問屋は三尺余りの遠目鏡でどこの船かをいち早く識別し、沖に迎えの船を出した。敏捷な商人はまず船頭個人の積荷であるホマチの取引をし、船頭にとりいって船主の荷物の取引まで獲得し、大儲けする商人もあった。内緒金や私有財産をホマチという風が各地にあるが、このホマチという言葉は「帆待ち」からきたらしい。

絆を固める

盃事と婚姻方式

日本の酒宴は、本来、神人共食の「寿ぎ《ことほ》」の儀礼、すなわち「礼講」であった。だが社会の移り変わりのなかで、礼講から「無礼講」の風が生まれるとともに、礼講も複雑化・形式化する傾向が顕著になった。

武家社会においては正式の礼講の飲酒作法はあまりにも複雑であり、酒席に侍る一同にたった一つの見事な盃で、上座から順番に飲むというものでは、末席のものに盃の届くのは容易でなかったということもあって、武家の合理的簡略主義に合わないというところから、室町時代からこれを省略して「三三九献」すなわちいまいう「三三九度」の盃事がひろまった。「九献、二本世話、酒之名也、三々九献之義也」と説明し、『狂言記』(寛文二年〈一六六二〉刊)には「も一つまゐれ、しうと殿、さんさん九こん重なれば、後は酒宴の余にて」の記事がある。三三九献の作法を三三九度というようになったことについては、ササゴト（酒事）を漢字で三三九度（ササクト）と書いたことにはじまるといわれている。

酒はもともと、神と人が一体となって饗宴し、相嘗を通じて神と人とが親密感を増し、神は人に依り、人は神を敬い、祈願しまた報謝するという、ある種の契約とその固めのためのものであった。この神と人との契約と固めの儀礼が人間社会におよび、人と人との契約と固めに盃を交わすことになった。そうした主なものが親子盃や兄弟盃、婚礼の妻夫《めおと》盃である。親子盃はかっての婚礼の重要な儀礼でもあった。

わが国では古くから実の親子以外に仮親を立てる風習があった。子供が生まれるとき取り上げてくれる人を「取り上げ親」という。この取り上げ親は子供の宮参りをはじめ公式の場所には常に親として立合った。また、父親の四十二の厄年に生まれた子供、生まれた子供が死亡するなどの家では、子供を道の四つ辻や橋の袂に捨てて、めでたい家の人に拾ってもらう「捨て子」の風があり、拾ってくれる人を「拾い親」という。子供が生まれて命名するさい、名は肉体そのものよりも霊魂に付けるものであったので、長寿の人、めでたい家系の長老に付けてもらう風があり、その親を「名付親」という。また、子供が成人し十五歳あるいは十七歳の成人式を迎えると、その式は烏帽子を冠る作法をするのであるが、そのさいも「烏帽子親」を立てる。さらには結婚にさいして仲人をつとめてくれる人を「仲人親」ともいう。こうした仮親は一生涯実の親と同じく親として、親子関係を結ぶのである。

こうした「擬制親子」は実の親子と同等の関係をもっていた。こうした擬制親子の盃事は早くに衰退してしまったが、酒一本持って仮親の依頼をおこなうのが普通であった。

擬制親子の延長としてテキヤ社会・ヤクザ社会の親子関係の契約がおこなわれ、その固めとして、「親子盃」の盃事がおこなわれるようになり、さらに親子関係を結んだ子同士の「兄弟盃」の盃事がおこなわれるようになったのである。

ところで、婚礼には盃事が厳然とおこなわれる。そこには結婚形式の変遷があり、「親子盃」「妻夫《めおと》盃」もそうした過程でいくつかの形態が生まれてきた。もっとも古い結婚の形式では、第一段階が女性の魂を呼ばうヨバイで、男が女の家に夜に通ったのであったが、それが女の親にも承認されて正式の夫婦となるトコロアラワシの儀礼が結婚の第二段階であった。こうした時代にはまだ盃事はなく、夫婦がミカヨノモチ（三日夜餅）を食べるのが儀礼であった。三三九度の盃が広まるのは室町時代からである。こうした結婚形式は「婿入婚」と呼ばれるものである。今日のような嫁入婚は中世武家階級の成熟によって形成され、以降次第に婿入婚にかわって支配的婚姻方式となったのである。なお婿入婚から嫁入婚への中間形態・過渡的形態として、男の妻問いのあと女が男のもとに嫁入りする「足入婚」があった。

現在、通常の婚礼において中心的儀礼となっているのが妻夫盃である。すなわち夫婦固めである。東日本ではアイサカズキ・西日本ではコンコンサカズキなどという。しかし嫁入婚でもそのはじめは祝言の当日、婿は不在であるとか、台所で酒の番をしているとかで座敷に出るものではなかった。嫁が婿の両親と親子盃を酌み交わす固めの儀礼が中心だったのである。この風はなお今日も随所に残っている。この嫁入りの前に古い時代の婿入婚の形式を残し、嫁入り当日の朝などに婿が嫁方に赴く「初婿入り」「朝婿入り」の儀礼をおこなうことがある。このときは婿が嫁の両親と親子盃を交わす儀礼がおこなわれる。こうしてもっぱら親子盃のみで、妻夫盃をまったくおこなわない地方もある。もちろんこれらの盃事はみな三三九度の方式をとっている。

なお、嫁入婚で婚約の内諾が得られたときに、仲人が角樽《つのだる》に酒を入れ、肴を添えて嫁方を訪れる儀礼がある。これを「樽入れ」という。酒は「一生固まるように」ということで一升入れる。古風な樽入れは婚姻成立式で、婿自身が酒肴を嫁方に持参し、嫁の両親と盃を交わすのが本来の姿であった。したがって、地方では「俺は酒一升で嫁貰うた」という言葉がよく聞かれたものである。この樽入れが婚約成立と同時に結納でもあった。金品などいわゆる「結納」の品を持参するのはのちのことであり、この作法が生まれると、それは樽入れよりあとにおこなわれたもので、いまでは樽入れがなくなり、結納のみが中心になってしまっている。

こうした盃事は廓の世界でもおこなわれるようになる。元禄の頃までの吉原では登楼の作法が厳しかった。廓の上客はまず大見世に登楼する前に引手茶屋に入り、そこに花魁《おいらん》が禿《かむろ》を従えて来て、茶屋の主人の仲介で盃事をおこなう。これを「引付け盃」という。すなわち客と花魁の見合い成立の固めの盃である。そのあと茶屋に呼んだ芸者や太鼓持ちその他を従えて大道中し、茶屋から見世に移る。見世にあがったのち花魁の部屋でまた「床盃」をすることになるのである。これらの作法は妻夫盃の意味をもち、三三九度の盃事で行われるのが普通であった。

「一味同心」の絆

ところで、盃事は社会生活を営むうえできわめて多く、また、さまざまな様式がある。それがまた都市と農山漁村とでは生活空間の違いによって個性がある。越後塩沢の文人鈴木牧之が『北越雪譜』初編巻之中で、文政十一年（一八二八）に山深い秋山郷の三倉村を訪れ、ある老女の家に茶を乞うたときの情景を記して、

家にかちたるものは木鉢の大なるが三つ四つあり、所にて作るゆゑ也。

といい、また上結東《かみけっとう》村の市右衛門宅に宿を乞うたときのことを、

勝手の方には日用の器あまたとりちらしたるなかに、ここにも木鉢三つ四つあり。

と記しており、どこの家にも勝手に木鉢の三つ四つはおいていたようである。そうした木鉢は今日も各家に伝えられていて、ヒラバチ（平鉢）と呼ばれている。大小さまざまあるが、大きいものは直径六〇センチ、短径四〇センチ、深さ五センチぐらいの楕円形のきわめて浅い刳鉢《くりばち》である。小さいものには直径三五センチ、短径二五センチ、深さ三センチぐらいのものもある。この平鉢は盃事に重要な役割を果たすのである。

秋山郷では宴会のことをゴッタイという。ゴッタイといえばまず「祝言」で、村中の人を招いて四番膳や七番膳までも出して、徹夜で酒盛りをした。つぎに「建前の祝い」、伊勢参宮を親類縁者に披

露するゴオクリというのがある。また、男二十五歳と四十二歳、女三十三歳の「厄祝い」、八十八歳の「米寿の祝い」は仲間をよんで酒盛りをする。そして、若者仲間が晩秋に催す「流し事」と称する酒盛りがある。

こうした宴会のとき、丼鉢に盛った菜《さい》（肴）をこの平鉢にのせて、畳の上を滑らせて次の人に廻すのである。一種類の菜を一つの平鉢にのせるので、一軒の家で平鉢を五つも備えていたのである。円座あるいは対面になって宴の座にあるとき、隣の人だけでなく対面している人、あるいは斜め向かいの人や端の人が、好みの菜をつまみたいとき、たがいに滑らせて送るのである。こうしたとき、正円形の鉢では床や畳の上を滑らせることができない。ましてや深い鉢ではすぐに転んでしまう。楕円形で浅く底の滑らかな木鉢なればこそうまく滑るのである。まさに平鉢は生活の知恵から生まれた造形である。

こうした宴会は、まさに「一味同心」の絆を固める重要な儀礼であった。そのさいの五番膳や七番膳など各膳の献立はまた宿の主婦の重要な勤めであり、それはまた主婦の才覚に負うところ大であったのである。

婚姻を主導する

「よばい」の習俗

今日、婚姻といえば「嫁入婚」とすぐに思うが、嫁入婚は婚姻成立祝いを婿方であげ、婚舎も当初から婿方におくという婚姻方式で、そう古くからあった風習ではなく、中世武家社会の成熟によって形式が整えられ、それがやがて庶民の間にも普及し、江戸時代以降支配的婚姻方式となったのである。それまでは「招婿婚」「婿入婚」と称する婚姻方式であった。それは婚姻成立祝いを嫁方であげ、婚舎を嫁方におき、婿が嫁方に通う方式であった。そのため「妻問い婚」ともいわれる。その婚姻方式の第一段階が「よばい」であった。それは女性の名を呼ぶ「呼ばい」である。名は肉体につけた記号ではなく、魂につけられたものと意識していたので、名を呼ぶことは魂を呼ぶことであり、「呼ばい」は「魂を呼ばう」ことからきており、女性の名を呼ぶことはまさに求婚であった。それを受け入れるも受け入れないも、すべて女性の意志によるものであった。

『万葉集』巻頭の雄略天皇の歌は、まさに「呼ばい」の歌である。その歌とは「泊瀬《はせ》朝倉宮に天の下知らしめし天皇の代大泊瀬稚武天皇」の御製歌として次のようなものである。

籠《こ》もよ　み籠《こも》持ち　掘串《ふくし》もよ　み掘串《ふくし》持ち　この岳《おか》に　菜摘《なつ》ます児《こ》　家聞かな　告《の》らさめ　そらみつ　大和《やまと》の国は　おしなべて　われこそ居《を》れ　しきなべて　われこそ座《ま》せ　われこそは　告《の》らめ　家をも名をも

雄略天皇が「籠もよい籠を持ち、掘串もよい掘串を持って、この岡で菜をお摘みの娘さん、あなたの家は何処か聞きたい。言いなさいな。大和の国は私こそすべてを従えて一面を治めているのだが、私にこそ教えてくれるでしょうね。あなたの家をも名をも」というのである。

古代において女性が家や名を教えるのは男の愛を受け入れることを意味していた。ということは雄略天皇が菜を摘む乙女にあなたの名を言いなさいといったことは、乙女の魂に呼びかけたのであった。すなわち乙女の魂をわがものにするために、まずその名を知る必要があったのであり、「私の愛を受け入れなさい」ということであった。

この「よばい」こそ古風な婚姻そのものであった。『万葉集』三三一〇番の長歌でも「さよばい」を「さ結婚」としているし、巻第十二の二九〇六番の歌では、

他国《ひとくに》に　結婚《よばひ》に行きて　太刀が緒も　いまだ解かねば　さ夜ぞ明けにける

と、「遠い国まで女に逢いに行って太刀の緒もまだ解かないのに、夜が明けてしまった」というところでも「結婚」を「よばひ」と訓じている。まさに「君の名は」と「名を呼ばう」ことが求婚であり、

その男性の心を女性が受け入れ、そこから「よばい」がおこなわれ、そのことがすでに結婚であったといえるのである。こうした「名を呼ばう」あるいは「名を告げる」歌は『万葉集』に幾首か詠まれている。

すでに早く『古事記』にも「よばい」の記事が見える。『古事記』上の沼河比売《ぬなかわひめ》求婚の条に、次の記事がある。

八千矛神（大国主神）が越後国の奴乃加波（沼川）郷の沼河比売によばいしようと、沼河比売の家に行って歌われた。八千矛の神は妻を娶ることができないので、遠く越後国に賢くすぐれた容姿の妙なる女性がいると聞き、よばいにお出かけになった。そして太刀の緒も解かず旅装のままで、女性の寝ている家の板戸を激しく押して、何度も戸を引いて、私が立っているところでは哀調を帯びて鵼《ぬえ》は鳴き、雉が鳴き叫び、鶏も鳴き、嘆かわしくも腹立たしくも鳴くのを止めて欲しいものだ。この想いを知って欲しい、と訴える。

これにたいして沼河比売は戸を開けずに、内から歌を詠んだ。八千矛神よ、私はなよなよとした、浦渚の鳥のように落ちつきがないが、いまこそは思うがままに振舞う鳥になり、あなたの自由になる鳥になります。夜になってお出で下さい。朝日のような華やかな笑顔をして来て下さい。手枕をして寝ていつまでも言いようもなく恋しい八千矛神と語り合いましょう、と答えたのである。そこで八千矛神はその夜は諦めて翌日の夜訪れたというのである。

さらにこの「よばい」は、平安貴族のあいだでも一般的な習俗となっていた。『源氏物語』の「東屋」の帖に、「右大将は、常陸の守のむすめをなんよばふなる……」と、右大将すなわち薫（源氏と女三宮の子）が常陸守の娘に求婚することが見える。

こうした「よばひ」が普通のこととなるにおよんで、『源氏物語』の「玉鬘《たまかづら》」の帖に、「懸想人は夜に隠れたるをこそよばひとは言ひけれ、さま変へたる春の夕暮なり」というように、求婚の「呼ばひ」がしだいに「夜這ひ」と意識されるようになったらしい。こうしたことは『竹取物語』にも、「夜はやすきいも寝ず、闇の夜に出でても、穴をくぐり、垣間見、惑ひあへり。さる時よりなむ、よばひとは言ひける」とある。

ところで、こうした「よばひ」のとき、錦木を女の門口に立てる風習が平安時代からあった。錦木というのは『大和本草』の十一に、「鬼箭《にしきぎ》　本草一名衛矛。和名にしきぎ、其葉冬紅にして錦のごとし」という、落葉低木で各地の山野に生える木である。ここではこれを模して、美しく五色に彩色した一尺ばかりの木をいう。女がこの錦木を門口に立てた男に心あたりがあり、自分もその男を好ましく思えば、錦木を家の中に取り込んで、夜訪れてくる男を家の中に迎え入れるが、さもなければ男はさらに繰り返し毎夜訪れて錦木を立てるのである。

この錦木のことは平安中期の歌人能因法師が『後拾遺和歌集』に、

錦木は　たてながらこそ　朽ちにけれ　けふのほそ布　胸あはじとや

と詠んでおり、平安末期の歌人西行法師は自らの家集『山家集』に、

立てそめて　かへる心は　錦木の　千束まつべき　心地こそせね

と詠み、大納言源経信卿の『大納言経信集』（嘉承元年〈一一〇六〉）にも、

人をよはひの　草も枯れ　わがにしきぎも　朽ちはてて

とあり、ある男が錦木を立てに通い続け、千本立ててもなお恋はかなわなかった、という話が伝えられている。

室町時代においても世阿弥作の能「錦木」に、旅僧が陸奥の狭布《きょう》の里で、細布を持った女と錦木を持った男に出会う。二人は細布と錦木のいわれを語り、三年間女の家の門口に錦木を立てて求婚し続けたというその男の塚に案内して消える。その夜の夢の中に前の男女が現われて懺悔物語をし、仏縁を得た喜びの舞を舞うというのである。江戸時代に入っても錦木のことは語り伝えられていて、江戸前期の俳人松尾芭蕉も奥州の旅中で、

錦木を　つくりて古き　恋をみむ

と詠んでいる。

このように、日本の婚姻の古い形式は、まず男性が想いを寄せる女性を呼ばい、女性がそれに応えることによって、婚姻が成立する。すなわち女性の主導によって婚姻がおこなわれたのである。このヨバイが叶えられることが婚姻の第一段階であった。その次の段階がトコロアラワシ（所顕）という婚礼の披露で、平安時代においては、たいていヨバイが成立して三日後ぐらいに、初めて嫁の父親すなわち舅が婿と正式に対面して饗応するのである。このときは婿の従者をも同席させて酒を酌み交わしたという。

なお、この日の夜、婿と嫁が寝所で紅白の碁石大の餅を食べて祝う儀式がおこなわれた。たいていヨバイの成立から三日目の夜であったので、「三日夜《みかよ》の餅」の儀礼と称している。この三日夜の餅の儀礼は、今日に至るも天皇家においておこなわれている。

こうして「よばひ」をもって婚姻とする風習は、民間においては近代まで続いていた。若者が村の祭礼や共同作業などを通じて娘を見染め、何ほどかの語らいもできるように親しくなると、夜中にその娘のところに通うようになる。娘のほうでも相手が好ましい男であれば積極的に引き入れた。娘のもとに訪れた男は床を一つにしたのち、明け方の一番鶏が鳴く前に帰るのがヨバイの作法とされていた。このヨバイは事実上の夫婦生活であり、こうしてしばらくは妻問いをし、次の段階として親の承認を得て住込みの夫婦となり、トコロアラワシという公認の儀式がおこなわれるのである。

娘の親は、娘のところに男がくるのを感づいても、自分の娘も若い衆の対象になるほど一人前になったかと、ひそかに娘の成長を喜び、黙認することが多いが、中にはそれを怒り、男の訪問を阻止しようとする親もあった。そうした場合は、当事者が首尾よくヨバイをなしとげられるように、仲間の若い衆がヨバイの男を守り、父親の介入を防ぐ手段を講ずることもあった。

また、ヨバイが順調にいき、しばらくはツマドイ（妻問い＝夫が妻の家を訪れるだけで同居しない）しても、それはあくまでも夜ごとの通いの夫婦であり、つぎの段階として親の承認を得て住み込みの夫婦となる。この儀礼がトコロアラワシといわれる。そのさいも、女の親からはねつけられるようなことがあれば、若い衆が積極的に当事者を応援し、親のもとに談判に出かけたりする。それでも親が承認しない場合、腕自慢の若い衆が夜中に娘を引っさらってカツギダシをし、物わかりのよい家をたのんでその一室で夫婦生活を送らせたのである。

カツギダシの風習は淡路島あたりに近代まで残っていた。このカツギダシのことを、生半可な知識人が日本にも掠奪婚がおこなわれたなどといったが、けっして掠奪婚ではなく、むしろ娘も想う相手と添いとげるためにカツギダシをしてくれることを望んだわけで、婚姻成立までの一つのプロセスであった。カツギダシにあうと、もう親も承知せざるを得なくなり、そのうちにトコロアラワシがおこなわれるのが常であった。

女性の名前

名は魂に付けられたものである。したがって「名を呼ばう」ことは魂を呼ぶことであり、それに応えて名を明かすことは、魂を明け渡すことであった。そのため、ことに女性は実名を明かすことはなかった。それは一般庶民のあいだでもおなじであった。江戸時代の「宗門改帳」や「人別帳」などには、家長をはじめ男性の実名は書かれるが、女性だけは「女」「女房」とか「娘」などと書かれていた例もある。これを取り上げて階級史観華やかな時代の歴史家の一部や女性運動家のなかには、封建社会にあっては男尊女卑で、女性は名前すら不要で、家長の女房すなわち主婦も男性の付属物としか認められておらず、これが封建的家族制度の実態であったと解釈したものであった。

しかし、これも魂に付けられた実名を夫以外には明かさない、明かすことによって魂が他人に奪われるという古代からの観念による慣習で、封建権力といえどもそれを容認していたし、権力側にもそうした観念があったのであろう。なお、「人別帳」に女性の名も記した例があるが、それも実名であるかどうかはわからない。おそらく通称であったろう。

女性が実名を明かさず、通り名で過ごしていて、村うちでは誰もその女性の本名を知らずにいる例は、ごく近年まで随所にみられた。ふだんは「つるさん」と呼んでいた女性が、亡くなって墓標や位牌に「俗名かめ」と書かれて、初めてその女性の本名を知ったものであった。さらには墓標にさえも「源助妻」あるいは「徳蔵妻」とした例もあり、それが普通であったのかもしれない。

食を管理する

主婦の権限

女性は〝家〟の「食」を管理する権限をもっていた。古くは、世帯または「ヨ」と呼ばれた家の支配権は、本来結婚した男女二人の共有としていたのであるが、家父長的な家族制度の発達により、これを分離して考えるようになり、家長権が著しく強化された江戸時代の武士の家庭では、強大な家長権のかげにかくれて主婦の権限は表だって問題とはなり得なかった。それでも一般庶民の家庭では、古くからの慣習が受け継がれ、主婦の権限がある程度認められ、それが庶民社会における一定のシステムとなっていた。もちろん主婦の権限の度合は、職業ごとに、家ごとに、また地域的にいくぶん違いはあるが、台所における権限、すなわち食事に関する一切の責任をもち、一家の家計をまかない、家の消費面を管理する権限があった。

たとえば、囲炉裏の四辺の席は厳然と位置づけられていた。その名残は地方によって少しずつちがいはあるが、炉端の土間からいちばん遠い側で、土間からみて正面にあたる正座が家長の座とされ、その座をヨコザ（横座）という。そこはたいてい神棚を背にして坐ることになる。ヨコザの隣で戸口から遠い方、すなわち台所、水屋（食器入れの戸棚）に近い側の座をカカザ（嬶座）といい、主婦の座とされる。その座は食事どきに主婦が杓子を持って、家族に食事を分配するのにもっとも都合のよい場所である。このカカザの対面、すなわちヨコザの隣で、戸口の方の側がキャクザ（客座）である。そしてヨコザの対面で、土間に近い側がキジリ（木尻）と呼ばれる末端で、平素、家長夫婦以外の家族の坐るところである。

このカカザで主婦が自ら煮炊きした飯やおかずを盛って各人に配ったのである。そのさい各人のその日の働き具合や体調を考えて加減し、健康に留意した。こうした主婦のカカザは、娘はもちろん母であっても引退すれば坐ることが許されなかった。また飯を盛るシャモジ（杓子）はこの主婦の権限を象徴するものであったので、シャモジもまた何びとといえども主婦以外のものが手に持つことは、主婦権の侵害として厳に慎むべきこととされていたのである。したがって、主婦をシャクシトリまたはヘラトリというところも多く、シャモジは主婦の代名詞としても用いられていた。まさにシャモジは主婦権の象徴であった。

主婦のことを「山の神」というのも、シャモジが〝山神舞〟の採物《とりもの》であり、シャモジが主婦のもっとも重要な持物であったからである。そして、とくに自給自足的生活の時代にあっては、食物を支配するものの権威、すなわちシャモジを握る主婦の権威は想像する以上に大きいものであった。大根一本を人にやるにも主婦の承諾を必要としたところさえ少なくない。

だから、こうした重要な主婦権は嫁に来たからといってすぐさま得られるものではなく、一定の経験と修養を経て得られるものであった。したがって、いよいよ姑が嫁に主婦権を引渡すのにも一定の手続きがあった。旧主婦たる姑が囲炉裏に掛けられた鍋の蓋の上にシャモジを置き、嫁に渡す作法が行なわれていた。まさに囲炉裏のカカザとシャモジの二つによって主婦権というものを知ることができるのである。

なお、昭和二十二年(一九四七)五月、大阪の主婦たちが「物価値下げ運動」をはじめ、これが大阪の主婦連合会に成長し、この運動が全国にひろがった。そして九月には東京で「不良マッチ退治主婦大会」が開かれ、これがきっかけになって奥むめお女史を中心に主婦連合会が生まれた。昭和三十年(一九五五)には十円牛乳と国鉄運賃値上げ反対、新生活運動推進などで、巨大なシャモジを押し立てて世の注目をひき、引き続いて消費者のための物価値下げ運動に威力を発揮した。ここで主婦連がその象徴としてシャモジを掲げたことには大きな意味があった。当時、シャモジといえば主婦連のシンボルとさえ意識されていた。すなわち、現代的な生活スタイルの中に、生活の伝統が実にあざやかに継承されていたのである。

味噌・醤油の味加減

主婦は家の食生活を管理したのであるが、その中で食欲をそそる味そのものであり、副食物であるとともに調味料である味噌を調製し管理するのも、もっぱら主婦の権限であった。味噌の原料である大豆が朝鮮半島を経てわが国に渡来したのは縄文時代晩期とされており、その加工食品としての味噌を古くは未醤あるいは味醤と書き、その語源は高句麗の方言の密粗《みそ》に基づくといわれている。だがこの高麗醤とは別に、味噌は中国からもやや遅れて天平勝宝五年（七五三）に伝えられたともいう。この時代には味噌のことを「未醤」とされており、調味料というより嘗味噌《なめみそ》であったらしい。

鎌倉時代になって禅宗の普及とともに、味噌をはじめ大豆加工品も広まり、味噌は寺院では自給自足した。また、『徒然草』下巻第二百十五段では北條時頼が一夜、平宣時《のぶとき》を呼んで小皿の味噌を肴に嘗めて酒を汲み交した話があるので、鎌倉時代に味噌はすでに武家の食生活に普及していたことがうかがわれる。そして室町時代から味噌汁が始まるが、それは鎌倉時代に禅宗寺院が中国から取り入れた擂鉢《すりばち》・擂粉木《すりこぎ》を用いることによって広まったのである。江戸時代になると農家はもとより、町家や武家においても味噌の自家醸造が普通になった。

普通は大豆を収穫すると煮たり蒸したりして搗きくだき、それに米麹・麦麹と塩を混ぜて、味噌桶に仕込む。桶は口が広いと黴《かび》が生えるので、できるだけ口が小さく細長い特別仕様の桶を用いる。家族の多い家ではたくさんの味噌を味噌桶に仕込むので、そのための味噌蔵が必要であった。味噌蔵はたいてい母屋から離れた別棟に設けられたり、独立した建物とされたりした。なお、麹を使わずに味噌玉をつくっておき、その割れ目に黴《かび》をはやして麹のかわりをさせるということもあった。こうした味噌作りはもっぱら主婦の仕事であり、塩と麹の混ぜ加減で味噌の味がかわってくる。家族の口に合った味、おいしい味の味噌を作るのはまさに主婦の手加減によるものであり、それによって家庭の味噌味の特色を出したのである。「手前味噌」という言葉もそうしたところから生まれた言葉であり、各々自家の味噌を自慢したものであった。なお、「三年味噌」という言葉があり、仕込んで三年目の味噌の味がよいともされた。

ところで、醤油は味噌より遅く現われるのであるが、それは味噌桶からしたたり落ちる汁を集めたものが初めである。その技術が向上すると味噌桶の中にタテという細長い竹籠を挿入し、味噌モロミからしみ出る澄んだ溜り汁をとった。これをタマリといい、醤油のはじめである。醤油をタマリと呼んだり溜醤油の名が古くは広くあった。こうして味噌からとった二、三升から一斗ぐらいのタマリを醤油の用途に当て、他は一切味噌ですますのが江戸時代から近代初頭にかけては一般的で、調理に醤油を使うのは盆と正月だけであったという。そんな日でも味噌を煮出して、布巾で漉《こ》したスマシと称する煮汁で煮〆や雑煮をつくる家もあった。それも主婦の味加減・手加減によるものであった。

ハレの日を司る

旬のまつり

われわれの祖先は、生活を円滑に営むために、旬をわきまえて時を知り、一年のあいだに生産勤労の日と休息慰安の日を合理的に配置してきた。すなわち働いては休み、休んではまた働くというサイクルであった。そのうち休息慰安の日というのは、たんに仕事を休むというだけでなく、特殊な感情をもって迎えたのであった。この日がほかならぬ年中行事の日であり、節・節会・節供・節日とも呼ばれていた。

こうした生産勤労の日をケ（褻）、年中行事の日をハレ（晴）という心意で対応したのである。ケは日常的なもので、ハレは非日常的な特別にあらたまった気持ちをもって迎えたのである。ハレの日というのはハレがましい気持ちで、ハレ着をつけ、ハレの場に出て、ハレの膳につくという、特殊な行為をする日である。したがって、常の日のように働かなくてもよく、むしろ働いてはならぬ日で、何らかの意味でマツリをする日であった。

この日は年神をはじめ祖先神、田の神・山の神・水の神・風の神などなど、暮らしとなりわいを守ってくれると信じる諸々の神々を、常世の国から迎えてまつるのである。そのさい家長もさることながら主婦が司祭者となることも多く、年中行事を営む上で女性の役割はきわめて重い。まず祭りの場と祭壇の設定をせねばならない。つぎに祭具をはじめハレの膳などの用具、食事の用意、時を見計らいながら家長以下家族の動きをそれとなく指示し、進行せねばならないし、全般にわたって心遣いをするのであった。

大正月

大晦日の夜と正月の元朝とは、いまでは明確な一線で画されているが、もとは一連のものとされていた。今日、一日の始まりを夜中の十二時を過ぎたときとする考えがあり、午前零時を期して「あけましておめでとう」と挨拶し、初詣でに赴く。また朝の日の出あるいは目覚めをもって、一日の始まりとするのを実感として受けとめている。こうした一日の分け方はすでに江戸時代からあって、前者を「天の昼夜」と呼び、後者を「人の昼夜」と呼んでいた。

ところが、もう一つの区分を立てる方法があった。それは日没から一日が始まって、次の日没までを同日とするものである。このことは『古事記』から室町時代のお伽草子にいたるまで、その用例が数多く見出される。偉大な博物学・民俗学者であった南方熊楠も、「往古通用日の初め」（一九三〇年九月『民俗学』二巻九号）で、ヨーロッパ諸民族の古代文化において同様の例の見られることを述べている。

こうした古風に則るならば、十二月の晦日すなわち大晦日の夜というのは新年の第一夜であり、大晦日の日没から新年が始まるのである。事実、今日でもところによっては、大晦日の夜を「年の夜」とか「大年の夜」と呼ぶ風習が伝わっている。したがって、正月の年神祭の準備は大晦日の日没までにすべて終え、祭そのものは大晦日の夜から元旦の朝にかけておこなわれるものであった。

年神降臨の依代《よりしろ》として門前に松を立てる「門松立て」、年神の祭場の標示・縄張りとして張る「注連縄張り」、年神に供える灯明に点じる新鮮な火を迎える「若火迎え」、雑煮をはじめ直会《なおらい》（神祭のあとの宴）の食料の煮炊きに用いる清浄な水を迎える「若水迎え」は家長の役であるが、「お節料理」の調理・調製は主婦こそがおこなうものである。

このお節料理こそが新年第一の正餐である。神祭のもっとも重要な作法は、人間の生活の根幹をなす食物を神に捧げることで、日常食べるあらゆるものをていねいに調理し、きれいに盛りつけて、年神に「このようなものを食べさせてもらって一年を無事に送らせていただきました」と捧げ、その御《お》下《さ》り《が》をいただいて食べる。これが神人共食の儀で、年神祭のもっとも重要な祭儀である。このお節料理の献供と、それを家族がいただくのは新年第一夜、すなわち大晦日の日没とともにおこなわれるのが本来の習わしであった。したがって、大晦日までにはお節料理の食材は整え、大晦日の昼に丹精込めて調製され、日没とともに美しく盛り付けて年神に供え、そのあとで家族一同がいただくのである。そして、夜明けが近づくにつれて年神祭が終り、そのさい食べるのが「雑煮」で、それは本来お節料理をはじめ年神に供えたものの御下りを一緒に煮たもので、まさに字のとおり雑煮である。だが、雑煮のことをノウレイと呼ぶところがある。それは「直会《なおらい》」からきた言葉で、雑煮を食べることもまた神人共食で、神祭のあとの直会の儀である。

七日正月

正月七日は「七日正月」という。正月六日の夜から七日の朝にかけては、一年のうちでもっとも大切な夜とされ、「六日年越し」とか「六日年取り」の名称もある。喜田川守貞はその著『守貞謾稿』で、「正月六日、今日を俗に六日年越などと云也」といっており、文化・文政期（一八〇四〜三〇）の江戸でもふつうに六日年越しと称していた。

七日をナナクサと呼び、七種類の野菜を粥に入れて七種（七草）粥、あるいは雑炊にした七種雑炊を食べる風習はほぼ全国的である。七種とは、せり（芹）・なずな（薺）・ほとけのざ（仏座）・ごぎょう（御形）・はこべら（繁縷）・すずな（蕪）、すずしろ（大根）・なずな（薺）で、「春の七草」という。

せりはセリ科の多年草で、田の畦や湿地に自生し、泥の中に匐枝《ふくし》（地面を這って伸びる蔓状の茎）を伸ばして繁殖する。若葉は香りがよくて古くから食用とされ、『万葉集』巻二十にも「丈夫《ますらお》と思へるものを大刀佩《たちは》きてかにはの田居《たゐ》に芹子《せり》を摘みける」と詠まれている。ほとけのざはキク科のタビラコ（田平子）の別称で、初生の円葉が地に伸びて、仏の蓮華座に似ているところからその名で呼ばれる。ごぎょうはハハコグサ（母子草）の異名である。はこべらはナデシコ科の越年草で、山野路傍で自生する。葉は広卵形で柔らかく、春になると白色の小五弁花を開く。すずなは青菜または蕪の別称である。すずしろは大根の別称である。なずなはアブラナ科の二年草で、路傍や田畑にごくふつうに見られる草である。葉は羽状に分かれ、春になると白色の小十字花が開き、扁平で三角形の果実が実る。いずれも早春の若菜であり、年頭にあたってそれらを食べることで、さらに生命力を更新させようとしたのである。もちろん本来は年神への神供であった。今日では七種全部をそろえることなく、略してなずなをもって七種を代表させるか、それにすずしろを加えるにとどめる風も広まっている。

これら七種の菜を摘んで揃えることと、それを刻んで調理することはもっぱら主婦の役割である。菜は六日の昼に摘んでくる。それを「若菜迎え」という。そして六日の夜に入って菜を刻むのである。俎板の上で音を立てて刻むところから「菜を叩く」ともいう。そのとき「唐土の鳥が日本の土地に渡らぬさきに七草なずな」と唱えながら叩く。トントンとできるだけ大きな音を立てるとよいといって、俎板の上に金火箸をのせて庖丁で菜を叩く。すると金火箸が跳ねて大きな音を立てる。これは、年頭にあたって農作物に害をおよぼす鳥を追い払う鳥追いの行事と習合したものである。なお、俎板の上に金火箸をのせるのは新しい風で、本来は俎箸《まなばし》をのせたのである。というのは、もともと俎板と俎箸と庖丁が調理の三点セットだったからである。古い時代において日本人は、思いもつかぬほど多種類の魚類を食用していたが、魚を調理するときは、俎板の上で跳ねる魚を金属製の長い俎箸で押さえて庖丁で切った。このやり方は今も神社の神饌の調理や、四條流などの調理に見ることができる。

小正月

大晦日の夕刻から一月一日の日没にかけての「大正月」にたいして、一月十四日の夕刻から十五日の日没にかけてを「小正月」という。そして、大正月の期間を「松の内」というのにたいして、小正月から月の末までを「花の内」ともいう。この小正月を中心とする行事は大正月の行事よりも複雑でまた種類も多い。というのは、正月の望《もち》の日すなわち満月の日が古くは年の始めとされ、年神祭の中心であったからである。そのため農事と関係深い予祝行事と年占《としうら》が集中している。予祝行事は年頭において一年間の農事の順調と秋の稔りのかくあれかしと、削り花、粟穂稗穂、餅花、繭玉《まゆだま》などの作り物をもって祝福祈願し、粥占《かゆうら》などの占卜をもって年穀豊凶を占うのである。

これらは主として家長の仕事であるが、年占と祝賀の膳に欠かせぬ小豆《あずき》粥の調製は主婦の重要な仕事である。小豆は『古事記』の食物創生神話のなかにも麦、大豆とともに現われる古い穀物で、とくにその赤い色に古代人は特別ななにかを意識しており、ときに聖なる色とも考えていたらしい。そのため一月十五日の朝に小豆粥を炊いて神々に供え、人びともまたこれを祝いいただく風習は平安時代からおこなわれてきた。なお、小豆粥は年穀豊凶の占卜としての「粥占」に欠かせぬものである。粥占は「筒粥」「管粥」などと呼ばれ、煮えたぎる小豆粥に竹筒を入れて、筒の中に入った粥の状況で作物の豊凶を占うのである。この行事はもともと各家でおこなわれていたが、割合に早くから神仏の祭典に編入されているものが多い。

ところで、正月の女児の遊びで、男児の凧揚げ・独楽廻しとは対をなす代表的なものが羽子突きであり、これは正月（もとは小正月）に限るところに特色がある。平安時代から鎌倉時代にかけては正月の「胡鬼の子遊び」という一種の厄払い行事がおこなわれ、それが羽根突きの原形となっている。胡鬼の子というのは、一条兼良の『世諺問答』（天文十三年〈一五四四〉刊）に「をさなきものの蚊にくはれぬまじなひなり、秋のはじめに、蜻蛉《とんぼ》といふ虫出てきて蚊をとりくふものなり」とあり、子供に病気をもたらす蚊を食う蜻蛉に似せた呪物が遊具になったものである。したがって、羽子突きは羽子（胡鬼子）が蚊を食う蜻蛉に似せられ、子供に蚊の災いを避けるために、羽子板をもって羽子を突かせたのが起源である。また羽子板は元来左義長という小正月の災厄払いの行事の呪物であった三角の板が用いられたともいわれる。

だが、室町時代にいたって蒔絵をほどこした羽子板ができ、ようやく装飾的なものがあらわれ、慶長年間（一五九六〜一六一五）にははやくも金箔・蒔絵・金糸類の羽子板を禁止する幕令をさえみるにいたった。さらに元禄年間（一六八八〜一七〇四）には西鶴の『世間胸算用』に「十二月十五日より通り町のはんじょう、世に宝の市とはここの事なるべし、京羽子板、玉ぶり、細工に金銀ちりばめ」というほどに装飾的な絵羽子板がひろく市販された。このころから江戸日本橋の本石町や浅草観音の羽子板市は著名になった。そして庶民のあいだでは「ひ《(一)》とめ、ふ《(二)》ため、み《(三)》あかし、嫁《(四)》御、い《(五)》つやの武蔵《(六)》、な《(七)》なやの薬《(八)》師《(九)》、こ《(九)》このやの十《(十)》や」といった数え唄形式の羽子突唄に合わせて、羽子を突き合うことが全国的におこなわれたのであった。

節　分

女王卑弥呼の邪馬台国をはじめ紀元三世紀の倭国のことを記した中国の史書『魏志倭人伝』は、「其俗不㆑知㆓正歳四時㆒但記㆓春耕秋収㆒以為㆓年紀㆒」と記しており、暦法が採用されるまでの日本は春秋二季の季節感しかもたなかった。すなわち春が年の始めで、今日の制定暦の「立春」の頃が新年の初日で、その前日の大寒の終わりの日を旧年の最終日とされた。その日を「節分」「年越し」「年取り」といわれる理由もそこにある。それが太陰暦の採用で一月の望（満月）の日、すなわち、一月のいわゆる「十五日正月」の風習が生まれた。さらに太陽暦にかわって一月朔日が年の始めとされ、ここに大正月・小正月・節分と、もとの年迎えの行事が三つに分離してしまったのである。

節分の日は朝早くから悪霊としての鬼が家の中に入ってこないように、強い臭気で鬼を追い払うための鰯《いわし》の頭と、鬼の目突きとしての柊《ひいらぎ》の枝を戸口にさし、鬼を閉め出して二度と入らぬように、戸を開けたてして大きな音を立てる。このとき戸外で七輪を置いて鰯を焼いて強い臭いと煙を立ちこめさせるのが主婦の役割でもあった。

豆撒きも節分の重要な行事である。この方は主として男の役で、まず炒った豆を一升枡に入れて年神様に供え、神酒徳利を献じ、灯明を点じて年祭りをし、家長が豆打役、跡取息子が豆男となり、家内のものが戸・障子を開け放ったとき、大声で「福は内、鬼は外」と豆を撒き、次の間、中の間、納戸、茶の間、玄関とつぎつぎに撒いては閉めていく。

ところで、「福は内、鬼は外」と鬼は追い払われるものとなり、社寺の追儺《ついな》式でもっぱら悪霊の象徴とされるが、これは中国唐代の様式を輸入して、平安時代から十二月晦日に宮中でおこなわれてきた追儺式に、黄金四目の仮面をつけた方相氏（悪鬼・疫病を払う役）が鉾・盾をもって悪鬼を駆逐する作法があって、陰陽道の影響をうけてこれをまねたものである。

だが、日本ではもともと祖霊が鬼の姿になって悪霊や災厄を払ってくれるものと信じていて、鬼はむしろ祖先の象徴で、各地の修正会や修二会に出てくる鬼は、そうした鬼の性格をよく伝えている。東北地方ではナマハゲをはじめ、小正月に鬼や異形者の扮装をして各戸を訪れる習俗があるが、この異形者も祖霊の象徴なのである。また、「福は内、鬼も内」と唱えて豆撒きをするところも随所にある。

かつて大阪では「年越しのお化け」が名物であった。節分に氏神詣でをしたあと、女たちはみな変装して町を行き交った。はじめは芝居好きの女たちが、贔屓の役者のところへ、そっと顔や姿を覗き見に行ったものであったが、こうしたことは人目をはばかることなので、お高祖頭巾《こそずきん》をかぶって顔を覆ったり、なにかで自分の顔が人目につかぬようにした。

ところが市井の婦女だけでなく、芸妓や幇間《たいこもち》も行き、ときには幇間は芸妓の恰好に、芸妓は幇間の姿になり、あるいは仮面をかぶったりした。こうした顔を隠すことや姿を変えることがやがてエスカレートし、芸妓が丸髷を結ったり、「おしどり」に結ったり、老婆が白髪を染めて文金高島田に結い、六、七歳の女児が作り髪で丸髷に結ったりという変装がはやった。

芸妓が丸髷・おしどりに結うのは、早く素人女になりたいという願いであった。おしどりというのは婚礼の夜に結う髷である。また老婆の文金高島田はもう一度若い女にもどりたい、少女の丸髷は早く一人前の女になりたいという願望のあらわれであった。こうした風はさらにくだけて、良家の娘が芸妓の扮装をして色町を歩きまわったりするので、この日の女はまさに「お化け」で、大阪の町はお化けであふれた。

このお化けの風は、大正時代になると花街にその名残りをとどめるにすぎなくなったが、それでも第二次世界大戦までは、住吉大社をはじめ大阪の有名な神社で、節分行事の一つとして女性の仮装競技大会が盛大におこなわれた。これはお化けの習俗に代わる意味をもつ催しであった。今日でも大阪では節分に女たちが日本髷で神参りするのを「お化け」といっている。今日ではなくなったとはいえ、異形者来訪の習俗に相通じるものである。

なお、かつては年越しの晩に豆を焼いて新年の天候を占うことがあちこちでおこなわれたが、同じように自分の年齢より一つだけ多く豆を食べて年取りをする習わしも全国的である。それは穀霊を体内に入れて人間の霊魂を補強する作法であった。

三月節供

三月三日を雛祭といい、雛人形を飾り、菱餅や桃の花を供え、草餅を食べ白酒で祝う風習は、いまはほぼ全国にいきわたっている。しかし、こうした風習はそう古いことではなく、江戸時代になってからのことである。

もともと春三月は田植えに先立つさまざまな農耕作業のはじまる大切な季節であった。そのため厳重な物忌み精進をして、神を迎えて祭ったのであった。そのため、身の穢れを洗い流すさまざまな呪術がおこなわれ、その一つとして人間の代わりすなわち人形（ひとがた）を作って、それで身体を撫でて穢れを移し、川に流す作法がおこなわれた。そして、「節供の花見」と称し、蓬《よもぎ》の草餅を食べて体内の毒気を払って身を浄め、山野に出て神降臨の依代《よりしろ》である季節の花のもとで、白酒を酌み交わして宴を開いた。この季節の花が桃である。この宴は降臨した神と人間の交歓、すなわち神人共食の儀礼である。そのあと神霊の宿る桃の花を持ち帰り、苗代の水口《みなくち》に立てて、水口祭をするのである。

一方、平安貴族のあいだにも三月上巳《じょうし》の日（陰暦三月初の巳の日、後に三月三日）に陰陽師を招いて祓をさせて、人形に穢れを移して流す行事がおこなわれた。こうした川に流す人形が雛人形の起こりで、鳥取の因幡地方の流し雛、和歌山の加太やそこを流れる紀ノ川の流し雛はそうした形をとどめるものである。

こうした呪術人形が古代から中世のあいだに意味を変え、また紙人形から押絵、土製、陶製、そして胡粉塗りの飾り人形へと進歩した。そうした過程で人形《ひとがた》として嫁入りの輿にのせたり、道中の守り人形、さらに愛玩物として人形を贈りあったり、遊戯として人形遊びをする風習が生まれた。近世になって土製の人形にきれいな衣装を着せた装束人形、木彫人形が発達し、それが雛人形としてますます精巧にして華麗なものとなった。そうしたなかで、女性の望む婚礼の最上の姿として内裏を模し、内裏雛が生まれたのである。

この内裏雛は時期によって容姿の変わったものが流行し、寛永雛、享保雛、次郎左衛門雛、有職雛、古今雛と優れた作の人形があらわれ、雛以外の人形や調度品の類なども飾られるようになった。飾り方は上方と江戸では異なり、一般に上方では「雛の館」と称して御殿を組み、その中に内裏雛をおさめ、雛壇は二段ぐらいである。江戸では御殿がなく、雛の後に屏風を立て、雛壇は五段、七段と高くする。東西ともに官女・随臣・仕丁・調度をいっしょに飾る。江戸では五人囃が加わり、調度は上方は公家の、江戸は武家の嫁入道具のミニチュアである。

ところで、雛壇に桃の花、白酒、草餅を供え、その前で女性・女児が会食を楽しんだり、飯事遊《ままごと》びをする風習は、かつての山登り、山遊びすなわち神迎え行事の変形した姿である。また菱餅の色も桃の花・白酒・草餅の色を象徴したものである。

五月節供

五月五日は「端午の節供」である。この五月という月はもともと田植え月で、一年のうちでも重要な月とされていた。田植えは穀物の霊魂を増殖する行為で、ひとつの神事とされていたのであった。そのため嫁取りや婿取りなどもさけ、慎み深い生活をしたのであった。

そしてこの日は家々の軒に菖蒲をさし、菖蒲の鉢巻をし、菖蒲湯を沸かして入る習わしが昔からある。その由来については、山姥に追われた子供が菖蒲の中にかくれて難を逃れたという昔話をもとにしている。本来は菖蒲そのもののもつ匂いが悪霊を退散させる霊力をもっていると考えたのであった。それで、菖蒲で屋根を葺いて家を浄め、菖蒲鉢巻で身を浄め、菖蒲湯で禊《みそぎ》をし、一日家に籠って潔斎をして神祭りをしたのである。

ところで、この日は今のように男の節供の日ではなく、女の日であった。近松門左衛門の『女殺油地獄』にも、「五月五日の一夜さを女の家といふぞかし」と語られているし、一般にも「女の家」「女の天下」といって、女が男を避けて忌籠《いみごもり》をしたのであった。五月すなわちサツキにサナエ（早苗）をとって田植えをするサオトメ（早乙女）が田植えの主役であり、その田植えにさきだって慎み深い一日を過ごしたのである。ごく最近までは伊豆大島や高知県では、この日亭主を家から追いやって、菖蒲で男の尻を叩く祓い浄めの行事があって、「女の家」という言葉が残っていた。だから五月五日は男の節供ではなく、むしろ女の節供であった。

一方、宮廷では五月五日にアヤメカズラ（菖蒲鬘）をする風があったし、ショクメイル（続命縷）という薬玉《くすだま》を身につける習わしがあった。続命縷は五色の糸でつくった鞠のようなもので、それを腕につけておくと邪気を防げるというのであった。この菖蒲鬘が天平時代に禁じられたので、アヤメ冑というものに変化し、はじめは菖蒲で冑《かぶと》をつくったが、のちに薄いヘギ板で冑をつくり、削り冑といった。また冑花といって紙の冑もつくられた。さらにこれらの冑の前立に人形をつけることがはやり、その人形が独立して武者人形となり、それを飾るようになった。これが民間に普及するのはショウブが「尚武」にかけられ、男の子が強くなるようにという願いがこめられてのことであった。

また鯉幟《こいのぼり》もショウブが「勝負」にかけられて、滝登りをする鯉のように勢いよくなるようにとの願いからである。この鯉幟の柱は卯月八日に季節の花を柱や竿の先につけて立て、神迎えをする「天道花」がもとになっているのである。だから古風な鯉幟の柱は、天辺に常緑の青葉を残して、幹は皮を剝いだ清浄な桧や杉である。五色の吹流しは続命縷の五色糸の邪気払いがもととなっている。

虎が雨

女性の悲しい物語に因縁づけた年中行事もある。それは「虎が雨」と称する五月二十八日である。五月といえば田植え月。五月節供とともに「虎が雨」はもう一つ大切な日とされた。明治の陰暦以来、新暦では晦日に満月があったりして、季節と月が合わなくなったが、それでも旧暦を遵守したり、あるいは一月遅れの新暦にして、この日を「虎が雨」あるいは「曽我の涙雨」といって、かならず雨が降ると伝承しているところが、全国にわたって見られる。

大阪近辺だけの例でも、北摂ことに能勢地方では、一月遅れの新暦の六月二十八日を「虎の涙」の日とし、降らなくても曇るといって天候の悪い日とされている。奈良県橿原《かしはら》市小綱《しょうこ》ではこの地方の夏祭の先頭をきって荒神祭がおこなわれる。ちょうどスモモの出る頃なので「スモモの荒神さん」と俗にいわれ、その日は新暦の六月二十八日になっているが、この日もし雨天だと「曽我兄弟の仇討だ」といい、その雨を「涙雨」という。兵庫県西脇市下郷でも旧暦の五月二十八日を「虎御前の涙雨」といって、ほんの少しでも雨が降るものだという。

昔は大阪の町方でも、この日は「虎が雨」といって少しでも雨が降るものだと信じていた。近松門左衛門も『心中刃は氷の朔日』に、「虎が雨のしるしが見えて空が曇った。五月二十八日雨三粒でも降らねばおかぬ」と述べ『百日曽我』にも「頃しも五月二十八日空さみだるる黄昏の虎が涙や少将の、よるの雨さへしきりなる」とあり、江戸時代には広く、「虎が雨」のことがいい伝えられていた。また、俳聖鬼貫は『俳諧七草』に「雨降らざりければ」と前書きして、「年ふれば虎も涙や忘れ草」と吟じ、其角も「八兵衛や泣かざるまい虎ヶ雨」の句をのこしており、俳諧の季題にもなっていたのである。

ところで、五月二十八日という日は曽我兄弟が仇討をとげた日であり、当夜、雨が降ったため首尾よく工藤祐経を討ちとることができたので、この日にかならず雨が降るのだともいい、十郎祐成が討死したから、祐成と深く契った虎御前が、その別れを悲しんで涙の雨を降らすのだともいうのである。

江戸時代、曽我兄弟の仇討の話は庶民の間に深く浸透し、いわゆる「曽我物」は芝居でももっとも人気のあるものの一つであったところから、曽我物語以前から暮らしの中で意義づけられていた五月二十八日が、仇討と因縁のある日となり、とくに物語の中の虎御前の悲しみに人々が心を寄せたのであった。

もともと五月二十八日はほぼ半夏至の時期にあたり、田の神が昇天される日だという伝承が全国的にあり、それまでに田植えをすませておくことが大事だとされた。そのため田植えに必要な水のないことのないように、雨乞いをする風習もあった。したがって、五月二十八日にかならず雨が降るという信仰は、反面、雨の降ることを切望したことを意味しており、その心意を虎御前に因縁づけたのであった。

七夕

陰暦の七月七日は七夕の日。東京などでは陽暦の七月七日に、関西では一月おくれの八月七日におこなうところが多い。都市では前日に七夕の竹売りが竹を売り歩く風が近年まであったし、今日では家々で笹を用意し、五色の短冊に歌や文字を書いて笹に結びつけ、六日の宵から飾る。この短冊に字を書けば字が上手になるとか、芋の葉の露で墨を磨って書くと技芸が上達するなどという。

ところで、この日は鷲座の主星である牽牛星と琴座の織女星が、年に一度銀河すなわち天の川をはさんで会うという、実にロマンチックな話がその主題となっている。これは中国渡来の説話であるが、中国では古くから牽牛星を農時を知る基準にしたらしく、天の川を隔ててこれに対する明るい星、すなわち織女星が養蚕や糸、針の仕事を司る星と考えられていたのである。

この中国渡来の説話が今日、七夕の主題となっているのは、信仰としての「棚機《たなばた》」の行事が日本に古くから存在していたからである。日本の棚機女《たなばため》についての信仰では、水の神に捧げるための神聖な織物を、穢れを知らない処女が俗界から身を隔離して、清浄な棚造りの籠り屋に忌みこもって織るものとされた。そしてこの乙女を神女として、これに神をまつらしめ、神慮を慰めることから、さらに神に託して穢れを持ち去ってもらい、また禊《みそぎ》をおこなって災厄と悪霊を祓うというように発展した。この神と乙女の行き交いが、牽牛・織女の二星の伝説に結びついて定着し、今日に伝わったのである。したがって、「七夕」という文字はその日付けからの、後からの宛字にすぎず、日本流にいえば「棚機」であった。

七夕祭のはじめは、織女星に因んで、機織や裁縫などの技芸の上達を祈る女の祭、すなわち乞功奠《きっこうでん》として宮廷においておこなわれた。孝謙天皇の天平勝宝七年（七五五）七月七日に初めて乞功（技工・芸能）の上達を願って営まれたと『公事根源』が記している。平安時代には宮中・堂上家で盛大な祭儀がおこなわれ、天皇の星合せ御覧・詩歌管弦の宴があった。室町時代になると、梶の木に和歌を結んで供え、瓶花《へいか》を並べて競う花合せや連歌会などもおこなわれた。さらに歌・鞠・碁・花・貝覆・揚弓・香の「七遊」とともに、棚織女の説話にもとづく行事が織部司によっておこなわれた。それは織女祭ともいうべきもので、供物と五色の薄絹を供えて祝詞を奏上するものであった。

民間でははじめ青・赤・黄・白・黒の五色の糸が織女星に手向けられたのだが、それが五色の絹布にかわり、加えて詩歌・管弦・書画のほか、あらゆる芸ごとの上達を祈るようになったのである。それが時を経て五色の絹布のかわりに五色の紙の短冊をあげるようになり、さらに時代が下って、庶民に読み・書き・算盤《そろばん》への学習意欲が高まると、字の上達を願い短冊に字を書くようになったのである。

盆

盆の起源は、一般には仏教の説話から説かれていて、仏教的色彩がきわめて濃厚であるが、本来は仏教と関係なく、初秋望月（十五夜の満月）の日を中心とする先祖の精霊迎えの儀礼で、あくまでも日本固有の習俗であった。盆も正月とともに、祖先の霊を迎えて生活の繁栄を祈り祝ったのであった。それが、七月十五日は夏安居《げあんご》（僧が一定期間一室に籠って修行する）の最終日とする仏教の風が、祖霊祭と結びつき、盆だけは仏教的色彩の強い行事と見られるようになったのである。

盆はまず盆花迎え、精霊迎えにはじまる。「盆花」「精霊花」などと呼ばれる花を、十一日または十三日に迎えてくる。山から採ってくるのが古風であるが、近頃は盆市や町の花屋で買い求めてくることが多い。この調達はもっぱら主婦がおこなうのが普通となっている。盆花を買ってくるようになっても「迎える」とするのは、精霊がこの花に乗ってくるという意識からであった。こうした行事はちょうど六月の「松迎え」に相当するものである。

七月一日を「釜蓋朔月《かまぶたついたち》」また「地獄の口明け」といって、この日精霊を迎えるところもあるが、七日を「七日盆」といい、盆のはじまる日とするところも多く、京都では主婦がこの日に床の間に生花を飾る風があった。だが一般には十三日の晩を「迎え盆」「宵盆」といって、墓や辻、河原、門口で精霊迎えの「迎え火」を焚く。主婦が墓に参って線香に火をつけて持ち帰るところもある。この火に精霊が乗って帰ってくれるというのである。迎えてきた精霊は盆棚にまつられる。この棚は「精霊棚」「先祖棚」と呼ばれる。仏壇をそのまま利用したまつり方は新しい風で、もとはカドもしくは庭先や縁側に特別の棚を組んだもので、これはもっぱら主婦の役割とされるところが多かった。

精霊を迎えてまつっているあいだの作法もいろいろある。とくに欠くことのできないお供えは水である。水を入れた容器を供え、米や生の茄子・胡瓜などを細かく刻んだのをその中に入れたり、お参りの人がその水をミソハギや萩の小枝などで祭壇に振りかける風があった。もちろん季節の野菜や果物は蓮の葉にのせて供えられる。また、十三日の晩と十四日の晩はお茶を供え、そのお茶がいつも湯気の立っているようにと、夜中のあいだも冷めないうちに茶を注ぎかえ続ける風もある。これも主婦の勤めである。注ぎかえた冷めた茶は集めておいて、十四日の朝と晩に道の辻に線香を立ててそのまわりに撒くところもある。それは餓鬼仏の供養で、盆には祖先の霊だけでなく、無縁仏の供養もおこなったのである。

盆の十六日に「七墓参り」をする風もある。江戸時代の大坂の町では陰暦七月五日の晩にしたが、重要な盆の行事とされていて、近松門左衛門の浄瑠璃の題にもなっていたほどである。なお、今日盆の終わりは十六日とされるところが多く、「ウラ盆」「オリ盆」「送り盆」などといって、盆棚をかたづけ、供物を川や辻に送る風もある。

お月見

旧暦八月十五日の夜を「十五夜」「名月」あるいは「お月見」と呼ぶことは、ほぼ全国にいきわたっている。都市では、名月が詩歌・俳諧などの好題とされてきたが、一般には月見団子をつくり、萩や芒《すすき》などその時期の成り物を供える。関西から中国地方にかけては、里芋を供え、「芋の名月」の名で呼ばれている。

かつて江戸時代には、江戸・京・大坂の町でもみな、机の上に三方を置き、それに団子をたくさん盛って、花瓶には芒《すすき》をさして供えた。江戸の団子はまん丸であったが、京・大坂では小芋の形に似せて尖らせ、宝珠に似た格好の団子であった。それは豆の粉に砂糖を加えて衣にしていた。この団子とともに醤油で煮た小芋を供えた。それぞれ十二個を三方に盛り、閏年には十三個ずつ盛った。こうした芒を採ってくることや、団子の調製、それらを月に供える祭壇のしつらえなどは、みな主婦の役割であった。

今は都市ではもう見られなくなったが、地方ではよく見られ、縁先や庭先に台を出して萩・芒や茅の穂を立て、団子・小芋を芋の葉の上にのせて供え、丁寧な家では神酒まで供える風がある。そして、この月に供えられた芋を食べると縁が遠くなるとか、色の黒い子供が生まれるといって、未婚の女性は食べないが、子供のない既婚の女性は、他家の団子を盗んで食べると子供が生まれるという。また、子供が他家の芋を盗みに行く風習があり、盗まれた家ではまた代りを補充する。この十五夜だけは盗みが公然と認められていた。これは月の精霊をも合わせて強化された穀霊を人間の体内に入れることによって、人間の霊魂をより強固なものとし、また霊魂を分割繁殖させることができるという意識にもとづくものである。

月に供える芒はイネ科の多年草で、秋の七草の一つに数えられる植物なので、稲穂の代わりにそれを象徴するものとし、月見を「稲草祭」と呼ぶところもあることから、一見稲作に深い関係のある行事に見られるが、里芋を供える儀礼が顕著であり、「芋正月」「芋名月」と呼ばれるように、元来は芋の収穫祭、すなわち畑作儀礼であったと考えられる。

また「片月見」「片見月」はするものではないといって、八月十五夜に月見をすると、十三夜にも必ず月見をするものとされている。十三夜は旧暦九月十三夜のことで、「豆名月」「栗名月」と呼ばれ、枝豆や栗を月に供える夜である。この十三夜も十五夜と同じように、誰の畑の成り物を盗ってもよいという風習が各地にある。また「小麦正月」という呼び名があり、この夜の天候の良し悪しによって、次の年の畑作物の豊凶を占う風がある。十三夜も豆や小麦あるいは栗などの収穫祭、すなわち畑作儀礼としての性格をもち、十五夜と同じ祭儀であった。九州北部ではこの日を「女名月」といって、女が幅を利かす日だと伝えていて、女性がこの夜の祭儀の司祭者であったことをうなずかせる。

針供養

主婦は家族の食と衣を調製・調達する役割を担っている。そのため若い時からその腕前の上達に努力していた。衣服の場合、江戸時代の都市においては呉服屋・仕立屋が存在したが、晴着や特別の着物を除いては、普段着・仕事着はみな自ら仕立てたのである。その巧拙が嫁の評価となるほど、女の仕事の中で重要なものの一つであった。そのため正月の「縫い始め」「針供養」などの儀礼もおこなわれる。

日本人は器物・道具にも霊魂が宿っていると信じ、その霊魂に感謝しまた供養する儀礼をおこなってきた。そのひとつが「針供養」で、女性が営む重要な儀礼である。一般に西日本では十二月八日に、東日本では二月八日と十二月八日におこなわれる。二月と十二月の八日はともに「事八日」といい、物忌みすべき日とされている。この日は針を使うことを忌んで針仕事を休み、古針を豆腐や蒟蒻《こんにゃく》あるいは餅に刺して、神社で供養したり、川へ流したりする。

明治時代までは裁縫師匠の家に、針子たちが晴着を着て集まり、米・人参・大根・牛蒡などを持ち寄り、五目飯などをつくった。そして、一年の間に折れた縫針を集めておいて、五目飯と共に淡島様に供え、針仕事が上達するように、また針で怪我をせぬようにと祈願したのち、五目飯を共に食べながら一日楽しく遊んだ。

なお、京都では十日遅れの十二月十八日に針供養をするところもある。砂払いといって蒟蒻をたくさん食べ、老女は焼豆腐を食べる。そして針千本をまつるといって、蒟蒻に五色の糸を通した針を刺し、それに一年間に折った針を刺して地中に埋める風があった。

また、日本海沿岸では十二月八日にハリセンボンという魚が浜へ吹き寄せられるという言い伝えが広くある。十二月八日にハリセンボンが海から山へ上るともいい、浜でこの魚を獲ってきて魔除けにする風もある。

このように、暮らしの機軸であり、多彩に営まれる年中行事を、ハレの日として意義あらしめるための演出に、女性が大いなる力量を発揮していることは、高く評価されるところである。

あとがき

女性に関する研究、とくに歴史学における研究、民俗学における研究の系譜についての概観は、冒頭において素描したところであるが、とくに柳田國男の『妹の力』は、常民としての女性の生き方を描き、その生み出した生活文化を大きく評価したもので、画期的な女性史研究であった。

その後においては、歴史学・民俗学その他それぞれの学問の立場から研究が行われてはいるが、なお読者をして消化不良の感をもたらしめる状況にあるを感じさせる。それは既成の歴史学・民俗学の統合的理解が未成熟であることによると、改めて認識させられるところである。

したがって、歴史学・民俗学ともに旧来の視点・手法にとらわれることなく、おおらかなしかも人間の心のうちなるものを感得する姿勢をもって、女性の本来もつ特異なる心意的・身体的特質を深く理解して、日本の社会に果たしてきた実績を評価、むしろ賞讃しなければならない。

かねてよりこうした意をもっていたが、なかなかそれを表明する機がなかった。しかし、たまたまここ数か月の時間的余裕ができたので、一瀉千里に筆を進めた。そのため不充分な内容や稚拙な叙述もあるかと危ぶむところであるが、大方意とするところは表明できたと思っている。
かかる稿を公にすることを諒とされた法政大学出版局秋田公士編集代表、編集の実務を担当いただいた松永辰郎氏に心からお礼申し上げる次第である。

二〇〇九年三月三日

岩井宏實

著者略歴

岩井宏實（いわい ひろみ）

1932年奈良県生まれ．立命館大学大学院日本史学専攻修士課程修了．文学博士（筑波大学）．大阪市立博物館主任学芸員，国立歴史民俗博物館教授，帝塚山大学学長，大分県歴史博物館館長などを経て，国立歴史民俗博物館名誉教授，帝塚山大学名誉教授，大分県歴史博物館顧問．主要著書：『地域社会の民俗学的研究』『絵馬』『曲物』『看板』『神饌』（共著）（以上，法政大学出版局），『民具の博物誌』『民具の歳時記』『旅の民俗誌』（以上，河出書房新社），『環境の文化誌』（慶友社），『小絵馬』（三彩社）．

女のちから——霊力・才覚・技量

2009年8月25日　初版第1刷発行

著　者　©岩　井　宏　實

発行所　財団法人　法政大学出版局

〒102-0073　東京都千代田区九段北3-2-7

電話03(5214)5540／振替00160-6-95814

印刷／三和印刷　製本／誠製本

Printed in Japan

ISBN 978-4-588-30051-6